积极心理学视角下

中小学生心理免疫力提升指南

朱仲敏 / 主编

上海教育出版社
SHANGHAI EDUCATIONAL
PUBLISHING HOUSE

图书在版编目（CIP）数据

积极心理学视角下中小学生心理免疫力提升指南 / 朱仲敏主编.
— 上海:上海教育出版社, 2020.6
ISBN 978-7-5720-0057-7

Ⅰ. ①积… Ⅱ. ①朱… Ⅲ. ①中小学生－心理健康－健康教育－指南 Ⅳ. ①G444-62

中国版本图书馆CIP数据核字(2020)第091389号

责任编辑　胡永昌　沈明玥
封面设计　金一哲

积极心理学视角下中小学生心理免疫力提升指南
朱仲敏　主编

出版发行　上海教育出版社有限公司
官　　网　www.seph.com.cn
地　　址　上海市永福路123号
邮　　编　200031
印　　刷　上海中华商务联合印刷有限公司
开　　本　787 × 1092　1/16　印张 5
字　　数　75 千字
版　　次　2020年6月第1版
印　　次　2020年6月第1次印刷
书　　号　ISBN 978-7-5720-0057-7/G·0045
定　　价　30.00 元

如发现质量问题，读者可向本社调换　电话：021-64377165

编写委员会

主　编

朱仲敏

副主编

胡永昌　张琪娜

编　者

（以姓氏笔画为序）

王　琪　孙　妮　朱仲敏　张琪娜

张沛琳　余智华　范晓芳　周　超

胡永昌　曹宏婉　盛佳妮

心理免疫力是个体在逆境或压力情境中预防、减少、控制心理伤害并积极适应的心理素养，理性的认知、积极的情绪、合理的信念、坚强的意志、适应的行为都有利于心理免疫力的提升。

目录

contents

导言

积极情绪激发专题——激活身心正能量

心理资本开发专题——培育心中的英雄（HERO）

高效学习管理专题——掌控当下的自己

后记

导言

introduction

庚子鼠年新冠肺炎疫情属重大应激事件，在威胁身体健康的同时，也给大众造成一定的心理冲击。面对关乎生命健康的重大疫情，每个人都可能出现一些与平常不一样的心理反应，中小学生也不例外。作为未成年人，中小学生做好生理、心理双重防护尤为重要。

中小学生如何做好重大应激事件下的心理防护，是一个现实但没有很多经验可借鉴的课题。心理学工作者要响应党和国家的号召，把研究做在抗疫第一线。战胜病毒，主要靠生理免疫力；而在灾难面前仍拥有强大的内心，击而不倒、摧而不垮，甚至愈挫弥坚，主要靠心理免疫力。

心理免疫力是个体在逆境或压力情境中预防、减少、控制心理伤害并积极适应的心理素养，理性的认知、积极的情绪、合理的信念、坚强的意志、适应的行为都有利于心理免疫力的提升。中国心理学会副理事长、北京大学心理与认知科学学院苏彦捷教授对“疫情期间如何强化心理免疫系统”进行了专业解读。该文2020年3月9日在教育部官方微信公众号“用‘心’战‘疫’”栏目发表，她的论述表明：个体内在发展资源是心理免疫系统重要组成部分，任何形式的外界心理援助要通过激发个体的内在发展资源与能量才能发挥作用。这种解读，与我们从培育积极心理状态或品质入手提高心理免疫力、护卫心理健康的思路是相通的。

著名积极心理学家、社会学家凯斯认为，没有心理疾病并不意味着拥有心理健康，完整心理健康是指既没有心理疾病，同时还呈现“蓬勃发展”的积极心理状态。

积极心理学代表了心理学的一种转型，从关注修复心理创伤、治愈心理疾病，到同时关注增进幸福、开发潜能。在新冠肺炎疫情期间，也需要用积极心理学的思想指导中小学生心理免疫力的提升，帮助中小学生在减少心理伤害的同时，进一步开发积极心理资源、提高心理应对能力，在危机中成长。本书由心理健康教育研究者与一线心理健康教育教师合作编写，力求体现三大特点：

一是保证科学性。以权威心理学家的理论为指导，分为积极情绪激发、心理资本开发、高效学习管理三大专题，紧紧围绕积极情绪、正念、希望、自我效能、抗逆力、乐观、自我管理、心流体验等8种积极心理状态或品质，进行科学知识的普及以及实践操作的解读。

二是强化操作性。提高自我心理免疫力，需要掌握关于心理学的学科知识（知识需要结合情景来习得），需要建设积极心态（积极心态建设的关键不在于说教，而在于实践），需要获取社会支持（例如，需要家长、教师的支持）。按照这种心理免疫力提升的策略，每个主题都遵循“问题情景—解疑释惑—实践探索—体悟与建议—拓展思考”的编写思路，将理论与实践融合，面向学生、家长、教师三类对象，为重大应激事件下中小学生心理免疫力提升提供行动指南。

三是注重拓展性。由于中小学生大多数还是未成年人，光靠自主自助培育积极心理还不够，还需要环境的支持。因此本书还对教师、家长提出了相关建议，推进合力育人。“拓展思考”中的思考题，旨在让学生关注疫情后日常生活中的心理建设问题，这种拓展思考与实践有很大的开放性，所给的提示只是给读者参考。

“没有一个冬天不可逾越，没有一个春天不会来临”，本书中的理论观点、实践路径也可以应用于“后疫情”时期中小学生的积极心理建设。

朱仲敏

2020年3月

积极情绪激发专题——

激活身心正能量

面对重大应激事件，人们会产生焦虑、恐惧等消极情绪，这是非常正常的反应。例如，恐惧情绪就具有重要的生存适应价值，促使人远离危险或准备迎战。值得重视的是，积极情绪可以和消极情绪共存，积极情绪在压力应对中，也发挥非常重要的作用。逆境中积极情绪的出现，可以为个体提供必要的心理放松，帮助缓解压力，有助于恢复生理和心理社会应对资源。

著名积极心理学家弗雷德里克森认为，让人生机勃勃的积极情绪有 10 种存在形式，包括喜悦、感激、宁静、兴趣、希望、自豪、逗趣、激励、敬佩和爱。依据她提出的积极情绪拓展与建构理论，哪怕短暂的积极情绪，也能帮助个体拓展注意、思维和行动空间，积极情绪的不断累积，还能帮助个体建构长久的心理资源。

微笑之于人类，就好比阳光之于花朵。相信积极情绪能给人们带来战胜疫情的强大力量！

1.我闷闷不乐，怎么办？
——如何培育积极情绪

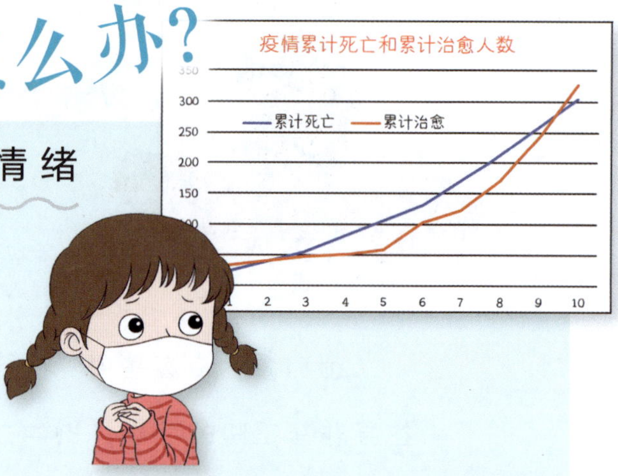

问题情景

由于新冠肺炎疫情的爆发，原本早该开学的小怀，已经在家待了一个多月了。疫情刚开始那会儿，小怀每天都会花一两个小时看新闻、刷微博。可当小怀一天天看着死亡病例从个位数上涨到千位数，她的心情也从原先的恐惧与焦虑，逐渐转变成了沮丧与无助。

虽然学校里安排了每日在线教育的课程表，妈妈每天也换着花样做营养又好吃的美食，同学们照常在群里探讨学习、聊天开玩笑，但小怀不知为何就是提不起兴趣。

父母看着每日闷闷不乐的小怀很是担心，他们以为是她学习压力太大，于是便鼓励小怀多在家放松休息。可即使有了更多的时间，小怀也不知道自己想做什么，往常最爱看的节目都无法让自己开心起来，年前写下的目标已经变得没有丝毫吸引力了……看着爸爸妈妈忙碌的背影和在线学习群里忽闪忽闪的消息，小怀也希望像大家一样继续过好自己的生活，可不知道为什么就是做不到。

疫情当前，网络、电视中有不少负面新闻。正处于身心发展关键时期的中小学生，在面对来自病毒的威胁和处理各种负面信息时，难免会陷入一些情绪问题之中。如果此时同学们能够学会主动培育积极情绪，将有助于顺利度过这段低沉期。

解疑释惑

芭芭拉·弗雷德里克森（B. L. Fredrickson）教授是杰出的积极情绪研究者，她提出的积极情绪理论，能够为像小怀一样有着类似困扰的同学提供一些破解思路。

问：我最近常常感到闷闷不乐，这到底是怎么了？

答：遇到像疫情这样的重大应激事件，人的生理和心理就会自动地做出一些反应来应对它。现在，你产生的这种闷闷不乐的消极情绪，就属于一种心理反应，是非常正常的现象，要做到认识并接纳消极情绪。消极情绪就像是警报信号，提醒人快快采取行动来保护自己，对人类的生存是很有帮助的。例如，在遇到危险时，人会感到害怕，这种恐惧情绪就会促使人们赶紧逃离危险。

问：那我现在不需要去理会自己的消极情绪吗？

答：不，虽然消极情绪有它好的一面，但如果一个人缺失了积极情绪，他又会在痛苦中崩溃。消极情绪不是越少越好，积极情绪也不是越多越好。要想获得美好的人生，弗雷德里克森教授给出的最佳的积极情绪和消极情绪的配比是 3:1。就是说，当你拥有 1 份消极情绪时，再加上 3 份积极情绪，就能够重新充满活力。

问：居然 3 份积极情绪才够！积极情绪有这么重要吗？

答：抵消消极情绪不是那么容易的，快乐总是稍纵即逝，而悲伤却很容易铭记于心。因此，人需要用更多的积极情绪，才能摆脱消极情绪的困扰。弗雷德里克森教授提出的积极情绪的拓展与建构理论认为，消极情绪中的自己，看问题总是很片面，看到的还常常是事情不好的那一面；但积极情绪能够帮助人看到整个画面，找到那些被忽略的美好。积极情绪让人变得更加开阔、灵活和包容，更容易感受到我们和家人、朋友之间的情感联系，给人抵抗压力的能量，拥有一个更

加健康的身体和心理。

问：积极情绪可真是好处多多，那哪些情绪属于积极情绪呢?

答：当人的生理和心理需求被满足后，所产生的那种伴有愉悦感的情绪，就是积极情绪。在日常生活中有10种存在形式，它们分别是：喜悦、感激、宁静、兴趣、希望、自豪、逗趣、激励、敬佩和爱。

问：太棒了，接下来我该做些什么呢?

答：弗雷德里克森教授建议的积极情绪与消极情绪的最佳配比是3:1。所以要想摆脱掉闷闷不乐的状态、重新充满活力，接下来可以做的就是：一方面减少消极情绪，另一方面增加积极情绪。

实践探索

一、减少消极情绪

可以从环境和个人两方面入手，减少消极情绪。

1. 控制媒体信息的输入

要控制好自己每天看新闻的渠道、时间和频率。首先，要选择权威的媒体，像疫情数据的更新，要关注官方渠道；病毒知识的普及，多选择优质的科普公众号。其次，要控制每天看新闻的时间和频率，可以选择早晚各看一次，每次不超过30分钟，提前定好闹钟铃声提醒自己。

2. 打破“思维反刍”的循环

要避免将自己的注意力反复集中在一个固定的思想或行为上面，即打破“思维反刍”的循环。每当人觉察到自己正在反复重温一个消极的念头时，就可以告诉自己，“我这样想，除了耗费精力，甚至把事情变得更加糟糕外，是没有任何意义的。”然后再试着问自己，“事实真的有这样糟糕吗？”“如何避免最坏情况的发生？”或者，可以干脆暂停这种短时间内得不出结论的思考，转移注意力，去做一些能够帮助自己增加积极情绪的事情。

二、增加积极情绪

按照时间维度，积极情绪的来源可以分为当下、过去和未来三类。

1. 从当下汲取积极情绪

（1）挖掘优势所在，重获掌控感

可以通过自我回顾和询问他人两种途径，找到自己的优势所在。然后，利用在家的日子，在擅长的科目和技能上，深入探索实践。通过阅读、在线学习、看纪录片、动手操作、请教父母或老师等形式，进一步丰富知识、提升能力。当人在做自己擅长的事情时，会重新获得一种对于当前生活的掌控感，有利于帮助人们驱散内心面对疫情的悲伤和无奈。

（2）积极交流互动，寻求支持感

新冠肺炎疫情的出现，还可能让平时看起来坚强的父母乱了阵脚，最关心自己的父母现在也需要我们的关心与陪伴。同学们可以主动帮父母分担家务，在饭桌上分享自己的趣事、科普正确的防护知识，在看到父母情绪不对时主动询问。在线上，还可以每天花几分钟和很久没见面的好朋友相互问候、分享近况；在班内的群里与同学积极探讨学习、解决难题。爱就是一种积极情绪。在此次疫情中，有的人永远失去了自己的父母、孩子、亲人、挚友……我们为此感到惋惜，但同时，也要认识到，要好好珍惜自己的生命，好好关爱那些还陪伴在自己身边的人。

（3）主动亲近自然，享受真实感

亲近自然、沐浴阳光，能给人们带来积极情绪。为了健康着想，在疫情期间不可以随意出门。但天气好的日子里，还是可以选择在阳台等地方，享受阳光的温暖。每日清晨起床，把室内的窗帘都拉开，呼吸一口新鲜的空气、伸个懒腰。在学习一段时间后，就站在窗口眺望一下远处的风景，摆弄一会儿家里的盆栽植物、逗逗小动物等，感受大自然这般真实的美好。运动能够帮助人们实现身体的自我更新、重现活力，带来积极的情绪体验。

也可以叫上家人一起跳操、打太极、做瑜伽，共享家庭时光。

2. 向过去汲取积极情绪

记录感恩日志，收藏满足感。

养成写感恩日志的习惯，不仅能够帮自己留住当时那份难得的喜悦，还能够时刻提醒自己把注意力停留在事物积极美好的那一面。

例如，在疫情期间，同学们可以想到，我们如今能够在家安心生活、学习，正是因为有医护人员、军人、警察、科学家等为我们筑起了牢固的防线，家里还有父母为自己提供生活保障。

在日志中，每天记录3条让自己感恩的事情就好。当然，也可以把感恩转化为帮助他人的行动，试着写一封信、画一张画、唱一首歌，用自己的方式来表达内心的感恩。

3. 向未来汲取积极情绪

制作梦想清单，增强意义感。

有一句电影台词是这么说的：“人生就像一场射箭，如果没有箭靶子，那么每天拉弓又有什么意义？”制作梦想清单能够帮助人们找到意义感，具体可参考以下操作步骤：

第一步，拿出一张白纸，分条写下未来自己希望拥有的生活，可以在网上搜索相似的画面并画在一旁，让梦想被“看见”；

第二步，闭上眼睛，想象梦想实现后的画面，反复修改清单；

第三步，拿出另一张白纸，列出现在的自己能够为了实现这个画面所做的行动；

第四步，每天复习一遍梦想清单上的内容，并按照行动清单上的计划开始行动。

这个活动可以邀请父母一同参与，制作完成后彼此之间相互监督、加油打气。

体悟与建议

一、学生体悟

小怀：在疫情期间，我联系了广播站的学姐和几位成员，我们决定通过录制感恩音频的方式，给远在一线的逆行者们加油打气。爸爸妈妈也很支持我们的活动，我感到很开心。

下半年我就进入高三了，到时候学习会更加紧张，现在能够有这么多时间和父母待在一起，我要好好珍惜。我和爸爸妈妈约定，每天起床后有一个小时的家庭游戏时间，我们三人轮流安排游戏内容。我带着爸爸妈妈一起做校园广播体操、爸爸带着我们玩家庭版 CS、妈妈带着我们边打扫卫生边跳舞……所有的这些，我都记在每天的感恩日志中，它给了我很大的力量。

这次的疫情，让我近距离地接触到了“死亡”。虽体会到生命有限，但也激励着我不再虚度光阴，要过更加有意义的生活。

二、给家长的建议

1. 建立家庭秩序感

疫情的发生已经不可避免地对家庭中的每位成员造成了影响，家长通过家庭会议等途径，可以及时关照到每位成员的需求和情绪，并重新确立家中的秩序。对全家人的生活作息、学习工作、休闲娱乐、运动饮食、家务劳动等方面，进行合理安排，在变化中寻求不变，能够为孩子在这种特殊时期下营造安全感和归属感。

2. 给孩子表达情绪的机会

重大应激事件下的情绪支持重点，在于让孩子学会恰当地表达和调节自己的情绪。如果遇到孩子情绪低落的情况，家长要及时引起重视。对待孩子的消极情绪表现，家长首先要给予理解和信任，给孩子提供一定的独处空间。家长也可以主动找孩子说说心里话，做到平等沟通，让孩子愿意敞开心扉。

三、给教师的建议

1. 注重情感教育

疫情虽阻断了师生面对面交流的机会，却不妨碍在线教育中教师创设富有情绪支持的课堂氛围。教师可以在教学中，问候学生居家的健康状况，对学生表达关心，引导学生做到健康生活与静心学习的平衡。还可以结合抗疫一线的人物事迹，或是校内同学的正能量行为，在教学中有机融入生命教育和爱国情感教育。

2. 激发学习热情

在疫情期间，教师要调动好学生的学习热情，克服学习倦怠，培养学生自主学习管理的能力。教师可以借鉴翻转课堂的思路，设计好学生在课前和课后的自主学习任务；课堂教学要对大部分学生可能遇到的困惑点、易错点、难点进行预设，通过设疑、解惑，增强教学的吸引力。问题导学能够很好地激发学生的学习兴趣，帮助学生在收获知识的同时，体会到学习的乐趣，真正投入到在线学习。教师教学还应突出重点、精讲精练。小学单节课建议控制在 20 分钟以内，中学单节课建议控制在 30 分钟以内。

拓展思考

1. 思思在初中时成绩一直很好，中考考进了当地最好的高中，她和家人都为此感到十分开心。但一个学期过去后，思思变得日渐消沉起来。原来是她这学期几次考试尽管准备得很努力，却都考得不是很满意，这让思思开始怀疑自己的学习能力。思思应该如何应对呢？

（提示：思思可以通过本主题中提到的“挖掘优势”和“寻求支持”的方法，多向老师同学请教，找到自己擅长的学习科目和学习方式，扬长补短，不断取得进步。还可以用主题 6 中学习到的“ABCDE 模式”来应对，尝试改变自己面对不好事情时产生的不合理想法，成为一名乐观者。）

2. 小华和一群好朋友打球，中途因为冲突和小离吵了起来，小华一气之下把小离的水杯给砸了。回家路上，冷静下来的小华向小离道了歉，也取得了他的原谅。但小华的心里却总是放不下这件事，他觉得自己实在是太失败了，每次都控制不住情绪，小离肯定不是真的原谅了自己，以后再也没人跟自己做朋友了……吃晚饭的时候，小华一直闷不吭声，父母很担心。你觉得小华应该怎么办呢？

（提示：小华正是遇到了本主题中提到的“思维反刍”，可以通过反驳自己的消极念头或转移注意力来打破这种循环。）

>>> 参考文献

[1] Fredrickson, B. L.Updated Thinking on Positivity Ratios[J]. *American Psychologist*,2013, 68(9):814-822.

[2] Fredrickson, B. L.The Broaden-and-build Theory of Positive Emotions[J]. *Philosophical Transactions of the Royal Society of London*，2004,359: 1367-1377.

[3] 芭芭拉 · 弗雷德里克森 . 积极情绪的力量 [M]. 王珺，译 . 北京 : 中国人民大学出版社，2010.

（**文** / 张沛琳　**图** / 王琪　黑牛工作室）

2.我忐忑不安，怎么办？

——如何点亮心中正念

问题情景

随着复工复产开启，小红的爸爸妈妈也开始上班了。每次父母出门，她总是感到忐忑不安，“爸爸妈妈，记得戴口罩；不要按电梯键；与人保持1米以上的距离；一定要当心哦！”一遍又一遍地提醒父母。

关门的那一刻，小红的脑子里不断地冒出这样的念头：

“真希望爸爸妈妈能在家办公。爸爸妈妈每天都要乘公交车上班，车里人那么多，如果遇到隐藏的病毒，怎么办？”

“万一不幸，爸爸妈妈感染了新型冠状病毒怎么办？会不会这样丢了命？那我怎么办？”

小红越想越害怕，越想越不安。她感觉到自己的心“扑通扑通”跳得厉害，呼吸也变得急促了。

……

小红拿起书，开始做作业，刚写了几行，就拿出手机刷每日疫情动态。来来回回好多次，总是静不下心来学习，吃饭、做家务都没心情。

人们常常会受到两支箭的伤害。第一支箭是别人或环境射来的，是作为人所不可避免的，是人很难不去面对的。第二支箭则是自己射向自己的，是对第一支箭的不满、不接受、逃避、挣扎，这种出自本能的习性，曾经保护人类的祖先生存下来。但过度使用，却让人们困在不想要的境地中更长久。这就是“两支箭”的比喻。结合到小红身上，亲历疫情——第一支箭，多少都会给人带来一些焦虑、恐慌；不能积极面对——第二支箭，多少会给人带来一些苦恼、困顿。

面对这两支箭，有什么能帮助我们化解，打开另一扇门？

解疑释惑

第一支箭是一时很难改变的环境，有人会表现出无奈、认命的态度，认为没有更好的选择。第二支箭是一种本能的心理机制，大多数人都会有类似的反应和感受。其实，所有的焦虑和恐惧情绪本身都是没有问题的。如果对某种情绪使用过多或过少就会造成问题，就会影响学习和生活，就会给我们带来“痛苦”。这时，不妨尝试一些正念练习。

问：什么是正念？

答：正念来源于东方禅修，有很深远的东方文化渊源。但将正念用于医学、心理、教育等领域，要归功于乔·卡巴金（Jon Kabat-Zinn）。他是“正念减压疗法”的创始人，他把正念定义为以一种非评判的态度，对此时此刻的经验保持开放和接纳。不同正念学说对正念的论述有以下共同点：有目的、有意识地觉察，让注意停在现在并接受当下，不作评判。正念能够改变人的内在状态和对外在刺激的接受能力。

问：正念训练对情绪的调节有何作用？

答：正念可以减少个体的消极情绪，增强个体的积极情绪，这种调节效应也得到了脑科学研究的支持。

问：正念练习是不是专门针对有心理问题的学生？

答：不是的，正念练习的应用正从临床患者的干预，不断扩展到面向正常的儿童和青少年群体。

问：正念练习的种类有哪些？

答： 正念练习包括正念呼吸、身体扫描、正念行走、正念饮食等。

问：这么多正念练习，我们都要学会？

答： 当然不是，那些方法都有其专业性、系统性，是一个循序渐进的过程。对大众来说，一下子学会太难。可以尝试挑一些正念练习，体会“正念”的理念，点亮心中的正念之灯：生活在当下，不加评判，也不被日常生活中的压力带走。

实践探索

危机中，运用正念的方法能够帮助自己聚焦到每一个此时此刻的当下。那么，消极情绪就可能得到适当的控制，这就能帮助人们稳定情绪。同时，相关研究表明，正念练习能够提高主观幸福感。这些都是人们当下或者长远都需要的。接下来，以问题情景的案例来开启对正念的探索之路。

案例中第一支箭的化解——接纳现实、活在当下。

从正念的视角看，通常给人生活带来影响的不是事物本身，而是人对待事物的态度。疫情已经发生，我们不能否认疫情的存在和影响，要接受现实，顺其自然，并为所当为。可以通过正念练习来提高觉察，感受自己的呼吸、心跳，感受与当下所处环境产生联结，带着接纳的态度活在当下。

我们可以尝试这样一些练习来提升觉察。

1. 正念呼吸

将注意力放在自己的呼吸上。深吸气时，先使腹部膨胀，然后使胸部膨胀，达到极限后，屏气几秒钟，逐渐呼出气体。呼气时间要稍长于吸气时间，先收缩胸部，再收缩腹部，尽量排出肺内气体。

例如，像青蛙一样静坐的练习。青蛙有很棒的跳

跃能力，但它也可以非常安静地坐着。虽然它能意识到周围发生的一切，但往往不会马上做出反应。青蛙静静地坐着，呼吸，节省它的能量，而不是被头脑中不断闪现的各种想法带走。青蛙随着它的呼吸静静地坐着，非常安静。青蛙的肚子鼓起，落下，鼓起，再落下。青蛙能做到，你也可以做到。你只需要全神贯注。注意呼吸，关注，平和，安静。

体会下面这些感受，将有助你更好地掌握正念呼吸。

感受自己或长或短的一呼、一吸，以及呼吸之间的停顿。

感受气流经过鼻腔的感觉。

感受每次呼吸胸部或腹部的一起一落等。

2. 利用正念音频进行导引练习

例如，使用权威的正念练习引导音频，练习正念静坐、正念伸展、身体扫描等。

3. 将正念带入生活，将它变成一种生活方式

以最常见的洗碗为例：洗碗的时候，专注于水流与身体接触的感觉、碗与身体接触的感觉，当发现注意偏离时，再次重新回到这些感受即可。还可以在起床、刷牙、洗手、吃饭、沐浴、行走时去尝试。

当然，有了接纳现实、活在当下的态度后，还要学会利用这种自我觉察来成功应对日常生活中的“痛苦”。

案例中的第二支箭的化解——按下“暂停键”。

人们无法控制海浪，不能让海浪停止，但可以学习冲浪。学习冲浪中最为重要的步骤就是停止和观察。

具体可参考以下操作步骤：

第一步，按下暂停键，等待、休息一下；第二步，看看环境，注意自己的感受、思考或想做的事情；第三步，一旦意识到生活中“海浪”的那股力量，意识到自己的自动反应倾向（行动模式），就可以做出选择，是要继续做正在做的事情，还是需要一个短暂的休息，或者需要其他的？

正如乔·卡巴金所说，学生天生是处于正念中的，几乎时刻活在当下，而不是那么关注过去和未来。现在能做的最重要的事情，就是不要扼杀这种与生俱来的开放性和关注当下的能力，而要加强它并让它继续发展。

因此，我们要学会点亮心中的正念，保持稳定，以积极情绪来应对危机。

体悟与建议

一、学生体悟

小红：疫情之下的我很脆弱，无数的担心涌向了我，尤其父母离开家那瞬间。想法（被感染）和情绪（忐忑不安）总是形影不离，我无法应对。恶补了正念知识后，我尝试在那个瞬间按下了暂停键，神奇的事发生了，我感觉身体的反应没有那么强烈，而且能顺利投入到后续的学习中。

我想在面对危机时，通过正念来保持内心的稳定很重要。人的能量是守恒的，这里用多了，那里就用少了。面对新型冠状病毒，用在焦虑和恐惧情绪上的能量多了，那么用在疫情自救上的能量就少了。

第二支箭带给我的影响(过度担心、焦虑)是可以自己选择控制的。疫情中，不断预想接下来发生的事（感染新型冠状病毒）让我陷入了自动化反应模式。“暂停键”练习帮助我觉察到那些念头、身体感受，以呼吸为锚，重新引导注意力，并采取一些有意识的行动，问问自己此时此刻需要什么，如何更好地照顾自己？这样，我消耗的能量就少了，我从被动反应变为了主动回应。也就是说，在这个情景中，正念对我起到了补充能量的作用。

我们知道人体自身免疫系统的强弱与情绪之间有非常密切的关系。正念练习以更加宽容、慈悲的方式来回应我的忐忑不安，减少了我的能量耗竭，提高机体的抵抗力，这也是应对疫情的重要一招。危机教会了我学会关爱自己！

二、给家长的建议

1. 开放地接纳孩子

面对危机，每一个孩子的反应是不一样的。家长要保持开放、不评判、耐心的态度，允许孩子在危机中慢慢成长。

2. 分享幸福的体验

针对孩子的担忧、焦虑等消极情绪，可以带领孩子多多感受积极的情绪。例如，每天在适当的时候对孩子微笑，也可以时不时地分享危机中的幸福感言。家长先分享“爸爸妈妈发现最近你与我们的交流多了，那些提醒的话语让我们也感觉到你在关心家人，我们觉得幸福。”“相比在病床上的人们，我们去工作，能为别人做点事，我们觉得很幸福。”然后，引导孩子说说他的幸福感言。

3. 一起进行正念练习

有条件的话，全家一起练习正念，学习和自己在一起，用心感受和照顾好自己的情绪，做到身心合一。家人间彼此互相鼓励、保持耐心、真诚沟通。

三、给教师的建议

1. 心理教师可以利用自己的专长，开设与正念相关的宣传讲座

心理教师在理念传播中，还要注意以身示范，告诉学生正念练习过程中不要过于关注产出或结果。例如，在练习正念呼吸时，伴随呼吸时腹部的起伏，要观察身体的各种感觉，注意周围的声音，注意想法的升起、发展、变化，以至消失。这些都是一个循序渐进，不断提升觉察的过程，不可求之过急。

2. 班主任和学科教师要关注学生的当下体验，做到与学生“共情”

班主任和学科教师在日常班级管理或教学中，要学会理解学生，不要纠结于学生的过去，关注学生的当下，少评判，多接纳。针对疫情，还可以做好以下三方面的工作。

（1）坚定自身信念，给学生积极暗示。虽然出现了疫情，但是这只是暂时的，疫情总将会过去，它会成为我们的回忆，是我们成长中的一个插曲。同时，还可以让学生讲讲他们以往应对困难的成功故事，帮助他们重新回顾其对困难的掌控感。

（2）引导学生有选择地关注疫情，多多关注疫情的积极面。例如，组织学生讨论一下国家关闭部分公共场所、限制人流、各小区实行封闭管理等措施，是怎样给防疫多了一层保护罩的。当讨论一个事情积极的部分多一些，就会少受到这个事情消极部分的影响。

（3）学科教师在教学中，可以思考如何利用一些相应的教学手段，让学生关注此时此地的教学内容，进入一种良好的注意状态。

拓展思考

1. 面对考试紧张、矛盾引发的怒火、身临突发事件时的不知所措等，正念练习也可以应对吗？

（提示：面对上述情景，我们一般首先都会采取转移注意力的方法。正念呼吸让我们将注意力转移到腹部的呼吸上，可以让我们思绪暂时停下来，让我们心理放松下来。）

2. 面对压力情景，正念练习会如何帮助个人成长？

（提示：正念练习通过培养对自我的觉察，让人们学会以正念的态度来关照身体，平复不良情绪，以接纳、开放、友善的态度去积极面对周围的一切，在压力中保持平和心态。）

>>> 参考文献

[1] 汪芬，黄宇霞 . 正念的心理和脑机制 [J]. 心理科学进展 ,2011,19（11）:1635-1644.

[2] 王淑珍 . 正念：基于东方文化的心理治疗方法 [J]. 社会心理科学 ,2016,31（2）:64-68.

[3] 陈语，赵鑫，黄俊红，等 . 正念冥想对情绪的调节作用：理论与神经机制 [J]. 心理科学进展 ,2011,19（10）:1502-1510.

[4] 约翰·蒂斯代尔，等 . 八周正念之旅：摆脱抑郁与情绪压力 [M]. 聂晶，译 . 北京：中国轻工业出版社 ,2017:VII.

[5] 艾琳 · 斯奈尔 . 正念养育：提升孩子专注力和情绪控制力的训练法 [M]. 曹慧，王淑娟，曹静，等，译 . 北京：化学工业出版社 ,2017:17-29.

（文 / 曹宏婉　图 / 王琪　黑牛工作室）

心理资本开发专题——

培育心中的英雄（HERO）

重大应激事件面前，我们自身有什么心理资源为心理免疫力的提升保驾护航？著名管理学家路桑斯认为心理资本是个体发展的积极心理状态，是影响个人发展的核心心理要素，以效能、希望、乐观、韧性这些积极的心理资源为特征。人的潜能是无限的，其根源就在于可开发、可管理的心理资本。

心理资本是发展的源动力，只有“内心的强大”才是可持续的，心理资本的开发价值超越了人力资本、社会资本，对于中小学生尤其如此。

培育心中的英雄（HERO，分别代表希望 Hope、效能 Efficacy、韧性 Resilience、乐观 Optimism 的英文首字母），是提升心理免疫力的重中之重。

3.我无所适从，怎么办？

——如何提高希望水平（Hope）

问题情景

13岁的小力原本和家人买好了机票去国外旅游，新冠肺炎疫情暴发后，在疾控中心工作的妈妈被单位告知要加班。这突如其来的变化，把小力一家人的寒假计划都打乱了。小力本来很期待这次旅游，因为这次旅游是妈妈特意让小力设计的行程安排，小力花了不少时间看各种攻略，包括吃住行游购娱方方面面。小力铆足了劲，想要向爸爸妈妈证明自己的能力。小力想和爸爸去，可是爸爸说疫情暴发妈妈会很辛苦，还是都留在家里互相有个照应。

小力想想也对，但还是觉得很窝火，很想找人大吵一架，又不知道该对谁发这个火，因为爸爸妈妈都没错啊。“计划不如变化快”这句话，小力算是领教了。

向来温和的爸爸最近容易发脾气，一会儿说妈妈怎么就不能请假，一会儿又责怪小力怎么就不能不玩游戏。小力觉得整个家都乱套了。每天的在线学习，感觉就是打发时间用的，游戏又不能一直玩，出家门又怕病毒，这日子真让人进退两难，无所适从啊。

2020年新冠肺炎的突然来袭，让很多人不得不放弃了原来的计划，心情烦躁在所难免，更何况出行的限制、家庭成员之间近距离相处后的矛盾、对疾病的恐惧等多种因素交织在一起，让人被情绪牵着走，迷失了方向，焦躁得不知要做什么是好。怎样拨云见雾，从无所适从的迷茫中走出来呢？

解疑释惑

小力的问题可以运用积极心理学家斯奈德(C.R.Snyder)提出的“希望理论”来探讨。

问：什么是“希望理论”？

答：“希望理论”认为，个体的生活都是以目标为基础的，有关目标的思维就是希望。希望由两部分组成，即以目标为导向的动力思维和实现目标预定路径的路径思维。动力思维和路径思维在孕育希望时，会同时出现，两种成分是叠加的，它们之间会产生涟漪效应。

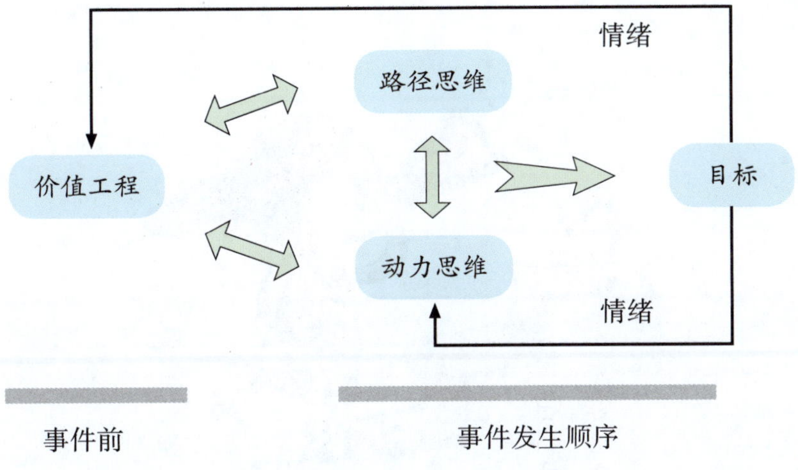

图 3-1　“希望理论”的过程图

问：小力要确立目标，就要用路径思维和动力思维去走出迷茫，是吗？但是，小力之前的目标是出国旅行，这个没办法实现了吧，遇到这种情况，希望理论怎么解释呢？

答：目标、路径和动力三者环环相扣，缺一不可。人们所设定的目标可能是短期或长期的。但是，所有的目标都必须具有足够的价值，并且具备具体性、可达到性、可测量性和意义性这四个特点，我们才能有效地去达成。出国旅行这个目标在小力现在的家庭决定中，显然已经是不可达成了。所以，这个目标失去了价值。这时候找到另外的有价值的目标对小力来说非常重要。

问：明白了，那小力受“计划不如变化快”这话影响，用希望理论怎么看这句话呢？

答：现实生活中，“计划不如变化快”是非常常见的，恰恰是这个时候最能看出一个人的希望水平。对于高希望水平的人来说，他们思维灵活，会及时调整路径以应对新的环境，即使是在阻碍面前，他们也会努力思考和寻找较多的方法与策略，也就很快能通过别的方法或策略来解决，也就是说他的路径思维和动力思维水平都比较高。低希望水平的个体，则常常缺乏多种路线达成目标的路径思维和主动适应变化的动力思维。

问：小力现在情绪混乱的情况下，能走上提高希望水平的路吗？

答：可以。情绪情感虽然重要，但它不是构成希望的必要成分。也就是说，小力目前情绪混乱没关系，仍然可以找到一个有价值的目标。在实践中，通过路径思维和动力思维的调动，情绪也是会改变的，情绪变化又会对行为起反馈与调节作用，最终走上良性循环的希望之路。

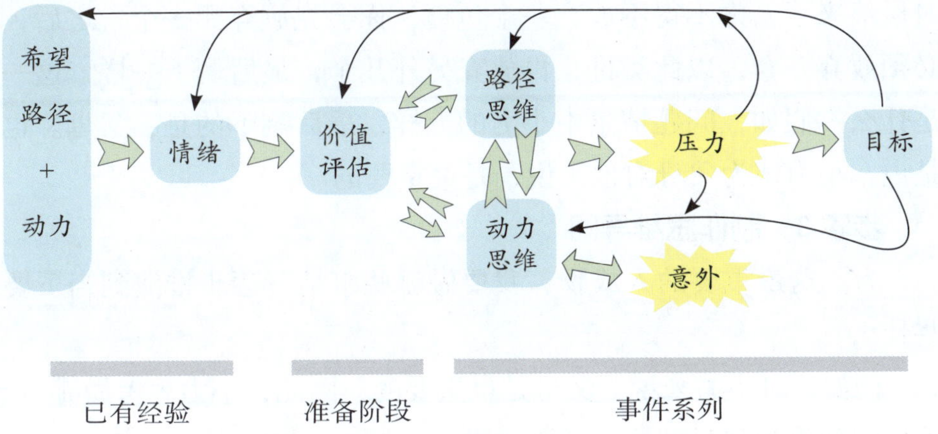

图 3-2　斯奈德的希望理论模型图

实践探索

了解了希望理论，让我们一起来看看，怎么帮助小力，以及和他一样有这类困惑的同学走出迷茫吧！

一、稳定情绪，重塑目标

为了能确立可达成的有价值的目标，需要以下四个步骤。

步骤 1：运用情绪稳定技术，先让心安定下来

采取一个舒服的方式坐着，腿和手不要交叉，慢慢地、深深地呼吸。观察四周，说出五个能看到的，但不会感觉困扰的东西。例如，可以说，我看到地板，看见我的床，看见我的书桌，等等。然后再做深呼吸，说出坐在椅子上，此时从头到脚每个主要部位的感觉，冷热酸麻，等等。渐渐地让心静下来，接着进入下一步。

步骤 2：头脑风暴——××× 的五样

静静地坐在桌前，拿出笔和纸，写上 ××× 的五样。例如，小力的五样。在纸上快速写下自己认为的生活中最重要的五样，可以是具体的物体，如食物、水或钱；也可以是人和动物，如父母、狗等；也可以是抽象的事物，如健康、科技、音乐等。总之，尽可能天马行空地想象，只要把内心最珍贵的五样写出来就行了。

看着这五样。想象此时你乘在一艘船上，这五样是五个包裹，此时风浪来了，你不得不放弃一个包裹，你会先放弃哪一个？之后，又必须放弃一个，以此类推，再放弃另外几个，最后剩下一样，这一样是什么？假如，问题情景中小力的五样，最后剩下的是：父母。也就是说，小力认为父母对他来说，是最重要的。

步骤 3：制作思维导图

为了这最重要的人或物，我要做哪些事情，逐步推演到当下要做些什么。

例如，对小力来说，父母是最重要的。因此，小力思考做哪些事，可以体现重视父母亲情，孝顺父母。

步骤 4：重设有价值的目标

以小力为例，从上面的思维导图，可以看出小力长期目标是孝顺父母，现阶段目标是分担家务、陪父母、打理好自己的生活和保持健康、认真学习等。这些目标再进一步分解为具体可操作的小目标。例如，每天要用 1 个小时做完 1 套数学习题；每天要背默 10 个单词；周末中午陪爸爸做饭等。

二、分解目标，制订计划

对前面的目标分解再分解，将分解到最后具体可执行的内容列入每日计划中。每日早上填写计划，晚上评估。除了将日常起居、学习和促进亲子关系的活动等方面列入计划表，还要把娱乐项目，如玩游戏、看电视等纳入计划。劳逸结合的计划表才可能长久地实施。

步骤 1：分解目标

将学习内容分解到具体科目、具体章节；将陪父母的活动具体化，快乐的事情具体化。

步骤 2：制订计划

记录计划的完成情况和完成后的愉悦程度，每天评估时，可以针对性地调整第二天计划。

表 3-1　每日计划与自评表

序号	任务	具体计划安排	计划时间	完成情况	完成后的愉悦程度（1～10分）
1	早睡早起	起床时间 睡觉时间			
2	课内作业	细化学科作业			
3	学科学习	遵从学校安排			
4	家务劳动	洗碗、拖地	（机动）		
5	体育锻炼	跳绳等	（分多次，至少 1 小时）		
6	个人娱乐	玩游戏、看电视	（时间要严格控制）		
7	阅读	看喜欢的书			
8	亲子活动	共运动、共做饭、聊天	（机动）		

备注：1. 当天任务没有及时完成，要用机动时间补上；2. 如果当天任务提前完成，可奖励自己娱乐时间；3. 给每天评估完成情况及愉悦度打分，及时调整。

三、困难预演，开拓路径

对于可能遇到的困难，进行内心自问自答式的预演。如果某个时段内容没有完成，怎么处理？可能会遇到什么困难？有没有什么方法可以解决？遇到自己无法解决的困难，可以求助于谁？经常问问自己这些问题，在晚上回顾评估时，做进一步的调整。

四、家庭会议，反馈监督

针对每日计划表，要求家长一起参与讨论，听取家长意见，将自己每日执行情况和家长交流。把计划表贴在家庭成员都能看到的地方，如冰箱上。这样，既可以方便家长提醒监督，又可以作为自我督促的方法。

体悟与建议

一、学生体悟

小力：当我开始学习稳定情绪和制订目标时，我的心渐渐地从躁动不安中平静了下来。那一刻，身心真舒服。然后我开始做我的五样，我发现原来我那么在乎父母，我也意识到去国外旅行并不是我的目标，我真正的目标还是想向父母证明自己，证明我长大了，我会安排这些事情了。顺着这个想法，借助思维导图继续思考，我看到了我现在有好多事情要做。那时，我感觉思路越来越清晰，迫不及待开始制订详细计划去落实了。这大概就是我内心的希望之火被点燃了吧。后来，在实施计划后，我的生活越来越充实，每天做完事情在计划表上打“√”的感觉真好。我看到爸爸妈妈欣慰的眼光，我们这个家在疫情的考验下变得更温暖了。

二、给家长的建议

1. 快速调整情绪，当好家庭的主心骨

疫情暴发突然，家长的情绪也容易受到冲击，如果有家属在抗疫第一线，情绪更容易受影响。所以，家长需要首先觉察到自己的情绪变化，夫妻之间互相观察和提醒。快速调整好情绪状态，恢复家庭主心骨的担当能力。家庭稳定，一切都有希望。

2. 适当关注疫情，当好方向的引领者

疫情消息铺天盖地，真假难辨，家长要控制关注疫情的时间，以关注权威渠道的消息为主，要成为家庭相关信息的正面引领者，让家庭成员看到事件发展的积极态势。

3. 协商制订计划，当好孩子的陪伴者

父母和孩子共同居家时间过长后，容易对孩子唠叨，“快看书去”“少玩游戏”这类话要少讲，这不利于和孩子的沟通。要和孩子一起协商制订每日计划，及时督促落实，少唠叨，多用路径思维和动力思维来考虑怎样更好地陪伴孩子。

三、给教师的建议

1. 发掘优点，善用鼓励点燃希望之火

教师对中小学生影响很大，教师平时多发现学生优点，多用鼓励的语言让学生内心对学习有热情，对生活充满希望感。

2. 组织活动，激发团体分享希望故事

教师根据情况选择组织学生线上或线下团体活动，在活动中让学生逐一分享每日计划实施心得，分享生活中值得感恩的人和事，运用团体让学生互相学习，彼此感受到希望。

总之，希望总能让人感到生活的美好，而美好是人生永不凋零的希望。

拓展思考

1. 从小一直在上海读书的莉莉，初二的时候，突然被家人告知说因积分不够，初三没办法考上海的高中了。成绩一向优异的莉莉顿时感觉懵了，之前知道父母一直在为上海户口努力着，总觉得是有希望的，没想到最后还是这个结果。莉莉现在不想做学校的作业，觉得做了也没意义，有时候甚至觉得来学校上学也没意义。莉莉该怎么办呢？

（提示：莉莉这也属于突然失去目标和方向后带来的情绪及行为

问题，可以参考本主题重塑希望的方法来逐步进行梳理。）

2. 小新，初一，成绩一般，他和谁都可以嘻嘻哈哈，同学在认真学习时，他总说："那么努力干嘛，人家不考大学也能当老板。"当老师问他以后是不是想做生意当老板时，他又支支吾吾地说自己瞎说的。老师让小新好好想想，以后长大了想做什么。他说不知道，感觉只要不读书就行了。老师觉得小新这样的孩子不读书有点可惜，但又不知道怎么帮助他。

（提示：不爱学习的孩子如果没有其他理想，可能是他从小的生活中没有人看到他的优点，缺少鼓励和对生活的热情。可以参考本主题介绍的技术，协助小新共同探索，给予小新更多的鼓励，激发他对生活的希望感。）

>>> 参考文献

[1] 马丁 · 塞利格曼 . 教出乐观的孩子 [M]. 洪莉，译 . 杭州：浙江人民出版社，2013.

[2] 朱仲敏 . 青少年心理资本：可持续开发的心理资源 [M]. 上海：学林出版社，2016.

（**文** / 余智华　**图** / 王琪　黑牛工作室）

4.我信心不足，怎么办？

——如何提高自我效能(Efficacy)

问题情景

听说因为疫情，大家不用再去学校，有了更多自由的时间，很多同学都欢呼雀跃，唯独小郑忧心忡忡。

小郑的成绩不算优秀，尽管一直都很认真、努力，但在一些学科上，如数学，基础有欠缺，经常要向老师、同学请教才能搞懂。想到自己现在还要花费很多时间和精力学习用各种在线学习的软件，感觉自己要落后大家更多了。而且，新的课程表每天都留出了很多空闲的时间，小郑也很担心自己没法好好安排。玩多了肯定会影响成绩，可真要用来学习，小郑也不太确定自己订的计划是不是有用，万一最后没什么效果，浪费了时间，岂不是更加得不偿失。

不巧的是，最近老师还要求家长用新的联系沟通软件。一天，妈妈早上出门前，忽然想起要给学校上传一个文件，着急拖着睡眼惺忪的小郑帮忙下载、安装。但妈妈的手机系统和自己的不太一样，需要花些时间研究调试。眼看快要到上传的截止时间了，妈妈就不耐烦地抱怨："你读书读不好也就算了，怎么连装个软件也弄不好……"小郑听了，心情就更糟糕了，好像自己真的一无是处……面对疫情下新的学习管理要求，小郑对自己的学业能力，尤其是在线学习环境下的学习表现缺乏信心，而小郑的学校、老师和家长，在此时也因各种原因无法提供足够的支持，更进一步加剧了小郑的这种担忧。

不知道大家是否也有类似的顾虑，如果有的话，不妨让我们一起通过本主题的学习，来看看有哪些解决和应对的办法吧！

解疑释惑

心理学家阿尔伯特·班杜拉（Albert Bandura）的自我效能理论，对于帮助许多和小郑有着相似经历的同学来说，是一个很好的选择。

问：从心理学角度来看，小郑和大家遇到的主要是什么问题？

答：想象一下，当舞蹈老师在教很多人同一个舞蹈动作时，有人觉得很简单，有人觉得很难。班杜拉把这种对于自己是否有能力完成某一任务的判断、信念或感觉，称为自我效能或自我效能感。对于许多和小郑相类似的同学来说，大家最主要的还是在在线学习这方面的自我效能感不足。

问：自我效能感不足，对一个人影响大吗？需要特别重视吗？

答：如果你是一个自我效能感很高的科学家，那么当你遇到科研难题时，你会相信自己有能力去克服困难，愿意尝试更多方法，付出更多努力，坚持更长时间，最终就真的更有可能获得学术成功。由此可知，自我效能感会影响一个人能否积极地看待自己、看待问题，并进一步影响动机的强弱、行动的方式与持续的时间……直至对结果产生相应的影响。在疫情期间，在线学习作为当下最主要的学习方式，提高各位同学在这一任务上的自我效能感还是非常重要的。

图 4-1　自我效能感与行为、结果关系图

问：影响自我效能感的因素有哪些？我们该如何改善它呢？

答：影响自我效能感的因素有很多，比较重要的有四种，改善自我效能感的方法，可以围绕着它们来设计，它们分别是：

- 成功经验——你自己有没有做成过类似的事情？
- 观察学习——你有没有听说过别人成功的事例和方法？
- 言语说服——是否有人表达过相信你可以做到？
- 生理与情绪状态——你在完成任务时是否精神饱满、愉悦？

实践探索

在上面的解读之后，让我们再来一起看看，该如何帮助小郑有效提高自我效能感，以及又该为其他有类似情况的同学提供哪些可以参考的建议和方法吧。

方法一 制订个性化学习方案

步骤 1：回顾、迁移成功的学习经验与方法

对小郑来说，尽管数学不是自己擅长的学科，但在不同的章节当中仍然会有不同的学业表现，通过回顾自己曾经表现良好的章节以及当时的学习过程，尤其是在预习、课堂学习、作业练习、复习整理等通用环节中的有效做法，结合在线学习的特点，选择合适的方法迁移运用于其他的章节，就能起到相似的效果。即使有些同学遇到困难的学科可能和小郑并不相同，这一方法也同样可以适用。

步骤 2：在每天的自由时间中安排适合自己的学习任务

学校整体的教学计划对于像小郑一样基础薄弱的同学来说可能会有些难度，但在线学习在节省了上下学的交通时间，并预留一定的空闲后，大家就能有更多时间来反复思考、消化各个知识点了。并且，大家还能在丰富的网络资源中选择符合自己能力水平的习题进行针对性训练。只要规划得当，这甚至可以成为大家弯道超车的大好机会。随着成功经验的累积，大家的自我效能感也会逐步提升。

方法二 组建互学互助学习小组

步骤 1：关心、了解同伴擅长的学科与学习方式

每个人的学习特点各有不同，也会有自己擅长的学科与学习方式，小郑的数学成绩不太理想，但文科表现不错，而在小郑的朋友当中有一些就对数学很有研究，还有一些则有过在线学习的经验。大家也可以去想一想自己和身边朋友各自都擅长些什么。

步骤 2：寻找合适的伙伴组建学习小组

根据大家不同的学习特点，可以尽量选择覆盖学科比较广泛的、有较好在线学习经验的伙伴共同组成一个学习小组，人数一般不超过 10 人。有时即使不是至交好友，也可以邀请在某方面有特长的同学作为顾问加入小组，在需要时适当请教，并共享一些学习资源。

步骤 3：合理分工并定期交流、改进

在完成学校基本学习任务的基础上，大家可以围绕自己所擅长的学科，谈谈学习心得，并对相应的学科知识分工整理，让大家通过彼此的观察学习，提高自我效能感。

同时，由于每个人对其他人的学习情况未必有准确的了解，每 1 ~ 2 周，大家可以一起分享学习的进展，并一起交流是否需要再作哪些内容或是形式上的改进。

方法三 记录成功

步骤 1：关注自己取得的小小成功与进步

无论对在线课程的学习，还是刚才提到的一些学习方法，甚至还有整个家庭为配合在线学习工作所作的内部调整，都必定会经历一个适应的过程。过程虽然很少有一帆风顺，但一定也是在不断进步的。就像小郑在为妈妈调试手机时，其实已经帮妈妈下载好了软件，只是设置的时候还需要一些摸索。

所以，小郑以及很多与小郑相似的同学，可以试着想想，自己今

天在哪些方面有所进展，无论多小都值得被关注。

步骤 2：准备好纸笔或手机软件，定期记录这些小小的成功

人类进化留下的情绪机制，让人常常能够记住很多惨痛的失败，以提醒自己下次要做得更好，却很少会让我们记住那些美好的成功。

所以，大家可以用本子、笔或是其他记录媒介，以每天或至少每周一次的频率，把这些细小却真实的成功及时记录下来。

步骤 3：时常翻看这本成功记录，尤其是灰心丧气时

这本成功记录，应该经常拿来翻看。一方面，它能提醒自己已经走到哪一步，下一步的计划应该如何来定。更重要的是，它能让人充满信心地知道，自己一直都在进步与前行。特别是当自己遭遇挫折，或是受到他人的指责、非议而灰心丧气时，这本成功记录，能够让人获得更多的信心、力量和勇气，鼓励自己继续努力。

方法四 积极想象

步骤 1：结合任务与自身情况，设定一个能够达成的目标

每次在进行学习任务之前，可以先思考一下，以自己现有的能力，能在这些任务中达到怎样的程度。

例如，小郑在数学学习方面，能做到基本跟上老师的讲课进度，就是一个比较合适的目标。其他同学也可以根据自己的学习情况，做好目标的设定。

步骤 2：想象为达成目标需要采取的各项具体学习行动

思考自己将要采取的一些学习行动，例如，每天在哪些时段，花

费多少时间进行复习，要完成多少练习，以及在遇到问题时，如何调整，总共需要多久，才能逐步达成自己的目标，等等。

步骤 3：想象自己以轻松、愉悦的状态完成学习，达成目标

反复想象自己在以一种轻松、愉悦状态中，完成这些具体的学习行动，并在遇到问题时，淡定地进行处理，直至最后达成自己的目标（安德鲁斯，福克纳，2008）。

这样的想象，能够让自己在身处真正的学习情景时，保持放松，改善身心状态，也更利于自己在现实的学习中，拥有更好的表现。

体悟与建议

一、学生体悟

小郑：认真回想自己以往的学习，我发现自己虽然数学成绩不是很好，但在高一第一学期“函数特性”的单元测试中，表现得还不错。因为，当时刚刚开学不久，时间比较充裕，自己认真地做了知识和错题整理。现在在线学习，每天都有不少时间可以自由支配，这样的感觉，总体要比以前每天忙忙碌碌赶节奏的学习状态更好。

在和朋友们吐槽了对在线学习的各种担忧之后，大家也都纷纷表示理解。几个朋友也在我的建议下，把我们几个原来的 QQ 群做了些改造，拉来了几位经常用在线学习的学霸，给了很多有用的建议。特别是推荐了一套分章节的学习视频，每个知识点都有一个 5 分钟左右的短视频。哪里不懂就点开看一下，“妈妈再也不用担心我的学习啦”。

我还特别按照老师的建议，在日记里放了一个小小的板块，用来记录自己取得的进步。一周过去了，发现自己真的一直都在进步。

再有就是，以前碰到上数学课常常都很紧张。现在，我通过用积极的想象，来调整自己的情绪和状态。数学课好像也没想象的那么可怕和麻烦。

所以，在线学习真的不是一件难事。花一点时间适应适应、调整调整，我相信自己应该也可以学得挺不错的吧！

二、给家长的建议

家庭环境与父母教养方式，对于孩子自我效能感的养成，有着非常重要的影响。这里也想给各位家长提供一些参考的建议。

1. 家长可以与孩子讨论一下，新的学习模式会产生哪些影响。并制订适合当下孩子的学习目标，确保孩子能通过努力达到，而非过早放弃。

2. 家长应当鼓励孩子勇于尝试不同的学习策略，要表达对孩子能够适应在线学习的信心，并经常用赏识的语言肯定孩子取得的成果。

3. 家长需要帮助孩子看到自己的优势和长处。有时或许并非学业方面的能力，家长也应从人生长远发展的角度进行适当培养，让孩子在自己擅长的方面体验到成就感。

三、给教师的建议

学生在学习期间，也会受到来自学校、教师、班级、伙伴的影响。教师在教育教学过程中，也可以在以下方面加以关注。

1. 实施新的教学管理时，教师应考虑学生、家长的接受能力，调整任务难度，提供一些适应性的学习任务，并做好辅助工作。

2. 经常与学生交流，了解学生在新的学习模式下，有哪些好的做法，并寻找适合不同学生水平的范例榜样，以激励不同类型的学生模

仿学习。

3. 可以安排一些适应良好、学科表现优良的学生，在课后通过电话、网络方式，对其他学生进行指导帮助，发挥同伴影响力。

4. 深入关心遇到学习、适应困难的学生，引导学生正确看待问题，关注后天的努力、方法，而非先天能力或外部限制。

5. 采取多元评价，相信每个学生都有自己的专长与潜能。经常、及时地肯定学生在不同方面获得的进步和成就。

拓展思考

1. 想一想，如果你因为选科分班，而进入一个新的班级，面对新的老师、同学与学习环境，你可以做些什么来提高自我效能感呢？

（提示：虽然学习环境与人发生了改变，但学习的方法、经验，仍是相通的。可以借鉴本主题中很多培养自我效能感的方法，但还是需要大家结合问题情景来具体问题具体分析、灵活应对。）

2. 尽管你觉得自己并不擅长演讲，但老师让你下周代表班级在全校发言，想一想，是否能运用本主题的方法，让自己表现得更好？

（提示：演讲虽然听起来非常高大上，但每个人都曾有过说服他人或是感动他人的经验，找到打动人心的演讲内容与方法。对于一个短期任务，大家可结合演讲的特点，试试运用本主题中的方法一、方法二、方法四。）

>>> 参考文献

[1] 朱仲敏 . 青少年心理资本：可持续开发的心理资源 [M]. 上海：学林出版社，2016：23-24.

[2] 史蒂夫 · 安德鲁斯，查尔斯 · 福克纳 . NLP 自我重塑计划 :21 天塑造全新自我 [M]. 胡蓝云，译 . 北京：高等教育出版社，2008:124-126.

（文 / 周超　图 / 王琪　黑牛工作室）

5.我不够坚强，怎么办？

——如何炼就抗逆力（Resilience）

问题情景

因为疫情，这个寒假成了“超长版”的假期。

多多是一个初二的女生，平时遇到挫折和考验后容易消沉退缩，甚至还一度一蹶不振过。这次疫情发生后，多多总是惊慌失措、忧心忡忡。反观其他同学，好像不太容易受影响，是他们满不在乎吗？而当她发现自己出现了一些呼吸道的症状时，原本就脆弱的内心一下子面临崩溃边缘，进而完全缺乏了判断能力和思考能力。好在身体很快就恢复了，加上爸爸妈妈的安抚和学校心理老师的疏导后，多多的心理状态才有所缓解。

多多很疑惑，为什么周围很多同学可以平和而坚强地面对这一切，而自己却做不到？在平时的学习和生活中也是这样，自己身边的一些朋友在面对考试失利、人际矛盾、疾病，甚至家庭变故等考验或困境时，会积极调整直面挫折，有的甚至越挫越勇。而当自己遇到挫折和考验时，却很容易被打倒。对于那些内心坚毅、抗挫能力强的同学，多多又羡慕又疑惑。羡慕的是，他们可以笑对挫折和考验，多多好希望自己和他们一样；疑惑的是，究竟是什么样的神奇力量，可以让那些令人羡慕的同学那么坚韧和强大？

不知道大家是否也有和多多同学类似的困惑和烦恼呢？让我们一起揭晓其背后的秘密吧！

解疑释惑

问：从心理学角度来看，是什么让多多所羡慕的同伴，能够在遭遇逆境后恢复原状，甚至变得更强大？

答：抗逆力（resilience），也常被翻译为心理弹性、韧性、复原力等，是指个体在即使遇到压力或逆境，仍能积极适应的心理现象。在本书中，抗逆力与韧性所指相同。发展心理学家发现，许多身处逆境的儿童并没有像预期的那样被打倒，反而成了有信心、有能力、有爱心的人。哲学家尼采甚至说：“任何杀不死我的东西，会使我变得更强大。”

问：抗逆力只是少数人所拥有的吗？

答：并不是。抗逆力是普遍存在的，也不是可望而不可即，每个人天生就具有一定的抗逆力潜能。

问：提升青少年的抗逆力，需要从哪几方面着手？

答：主要从加强内在保护因素和外在保护因素两方面入手。

内在保护因素主要有自我效能、积极情绪、自尊、问题解决、自我控制能力和人际互动能力。

外在保护因素主要有充满爱与安全的家庭环境，温暖、支持的父母教养方式，良好的亲子关系与同伴关系，其他成人或社会支持。

实践探索

在实践中，我们可以借鉴心理学家格罗特伯格（Grotberg）提出的“I am”（内在优势）、“I have”（社会支持）、“I can”（能力）三因素及其交互作用中找到提升韧性的办法。

一、挖掘内在优势

可以挖掘自身的内在优势，促使自己更多地了解自己、认可自己，形成“乐观感”。

1. 罗列优势清单

（1）寻找被忽视的优势

首先，罗列出自己已经发现的优势，形成一个初步的“优势清单”。然后，从更多元的角度尝试去拓展自己的优势清单。

可以拓展思维，从生活技能、兴趣特长、学习能力、人际交往能力、思维特点、个性特征、生活态度等各方面去寻找，就能找到更多的优势，继续添加在优势清单中。还需要注意的是，那些很微小的容易被忽略的方面，也蕴藏着个人的内在优势，千万不要忽略了。

例如，一位同学的书桌总是整整齐齐，这是很微小的方面，平时很容易忽略，但这又何尝不是一个人的内在优势呢？说明这位同学有条理、整理收纳能力强。

除了自己罗列优势清单，也可以通过“漂流卡”的方式，发动你身边的朋友、家人、老师帮助你一起寻找，一定会有新发现。很快，优势清单将会越来越长！

（2）寻找另一面的优势

事物总有两面性，一个人的特点有时候也会有两面性。尝试找一找这个特点的另一面，是不是也蕴含着优势呢？

例如，不善言辞的人，可能比起其他人更容易安静地思考，这就是事物的另一方面。可以通过“翻页纸”的方式，在纸的一面写上自己以往并不欣赏的特点，在纸的另一面试试能不能找到新的值得认可的角度。如果找到了，就可以继续添加在优势清单中了。

当然，并不是所有的特点一定具有两面性，关键是能尝试从“优势”角度再一次去看待自己的特点。

（3）发展出更多优势

制订计划，如制作“××优势养成书”，把目标、内容、举措、时间安排等作出明确的计划，再通过手账等方式，图文并茂地记录过程、感受和变化，这对于鼓励和监督优势的发展过程是有帮助的。

2. 通过情绪调节建构心理资源

（1）增加积极情绪

积极情绪有很多力量，其中的一个力量是让人变得更坚韧。可通过建立“积极情绪档案袋”来培育积极情绪。

以“自豪”为例，在“自豪”档案袋中，需要为每一个“自豪”建立一张档案卡，什么时间？发生了什么事情？你做了些什么？对你的未来有什么启发？不同的“自豪”档案卡，可以累积、更新。一张张积极情绪档案卡最终可以形成“积极情绪档案袋”，这是增加积极情绪的好办法。其他培育积极情绪的方法可见本书“积极情绪激发专题”。

（2）减少消极情绪

积极情绪本身可抵消消极情绪。同时，在减少过度消极情绪方面，也有另外的一些方法。可以通过“列单子”的方式，列出“原来的想法”“现在的想法”，用合理的想法来替代引发自己消极情绪的不合理想法。

通过质疑与反驳原来的不合理想法，把消极情绪控制在萌芽中。也可以通过以下方法来减少消极情绪对自己的负面影响：注意转移（远离负面的刺激或信息），改变情景（主动改变消极的情景），改变意义（赋予所遇到的人、事、物积极的意义）。

3. 开展积极反馈

（1）制作多彩“优势清单”

通过用不同的颜色记录各种优势，就会让自己很直观地看到优势清单不断在增加，从而让“优势清单”成为积极自我反馈的素材。

（2）积极的自我暗示

开展“积极自我暗示”打卡行动。选择在固定的时间，对自己开展简短、肯定、有力的积极暗示，并记录下来。具体的积极暗示可以是：“我很棒！”“我在进步！”“我在增加我的优势！”“我要为自己的内在优势而自豪！”等。

需要指出的是，在积极自我暗示时，可多用心理学家德韦克提出的“成长型思维”，而不用“固定型思维”来看待自己。要看到自己的能力，是可以通过努力与积极行动来提升的，而不是固定不变的。

二、寻找社会支持

疫情当前，我们要感恩拥有挚友的友情，庆幸有家人的关怀和支持、老师的帮助。所以，可以通过自己或者家人、老师、朋友的引导，发现自己所拥有的外在支持与资源，寻求社会支持，获得“归属感”。

1. 寻找家庭支持

（1）增强家庭仪式感

可以和家人共同商量，设立家庭学习日、家庭旅行计划、家庭保留活动等。最好能固定时间，把计划和安排张贴在家庭中醒目的位置，和父母、家人一起参与一些庆祝活动、家庭聚会、家庭旅行等，在融洽相处的过程中增加家庭中的互动、凝聚力、归属感，增加共同的体验和回忆，促进亲子关系，收获情感支持。

（2）设立亲子沟通契约

孩子和家长双方共同努力，才能促使亲子沟通产生良性循环，从而促进亲子关系。而良好的亲子沟通，本身就是有力的家庭支持的一部分。

可以向父母提议，设立亲子沟通契约，共同为亲子沟通、亲子关系而努力。孩子可以给自己制订几条亲子沟通“几要几不要”，同时，也向父母提出建议，希望父母可以在哪些方面开展尝试。对于家长，也可以给自己制订“几要几不要”，再向孩子提出建议。所有的内容都要具体。最终的契约，要在互相协商、一致认可的情况下达成，并签字确认。

（3）写亲子两递书

如果与父母产生矛盾和冲突了，怎么办？可以尝试“亲子两递书”，将自己的感受、想法、期待用书信的方式传递给父母，同时，期待父母的回复。

建立在真诚沟通、解决问题基础上的“亲子两递书”，有利于冲突矛盾的解决，保持和谐的家庭氛围。

2. 寻求其他支持

（1）寻求同伴支持

和同学、朋友、同龄人建立起“互助小分队”，分享快乐、倾诉烦恼、提供支持和帮助。遵守好“互助小分队”的正式或非正式公约：真诚、互助、友善、关心、付出等。

（2）寻求老师支持

在学习、生活中，都可以寻求老师的支持。充分运用好老师日常提供的各类学习、生活、情感支持等资源。可通过口头语言、书信、网络渠道等方式寻求支持。

三、提高适应能力

1. 提升人际互动能力

分析自己在人际互动中的优势、不足，肯定自己优势的一面，也可以发展自己的潜能。例如，发现自己的沟通能力比较欠缺，可以通过学习如何倾听、表达，或者练习在特定情景中如何表达感谢、赞美、不同意见、拒绝等方式，提升沟通能力。

2. 提升自我控制能力

在提高自我控制能力上，可通过后果警示、自我积极暗示、转移注意力等方法提高。

3. 提升问题解决能力

遇到问题，先处理好情绪，在此基础上，再开始着手解决问题。首先，迁移以往解决问题的成功经验。其次，分析特定的具体的问题，找出解决问题的关键点和途径。最后，进行实践，并在实践基础上进行修正。在此过程中，可以寻求多方的支持。能力提升后，自身的效能感会增加，进而进一步提升自己的抗逆力。

体悟与建议

一、学生体悟

多多：我逐渐改变了想法，原来经历挫折不一定是坏事，经历挫折后的收获，是我生活中的独特经历和财富。今后，我要以正面的态度去面对挫折、困难或失败，从中看到逆境的积极意义。

如何去提升自己的抗逆力呢？我的感悟有六点。

第一，看到自己更多的优势，添加到“优势清单”中，并且尝试发展一部分优势，让自己的“优势清单”成为自己应对挫折的底气。

第二，进行积极的自我暗示，多对自己说“我有”“我能”“我行”。

第三，我尝试建立“积极情绪档案”，让积极情绪成为应对挫折的力量。

第四，通过和家人一起参与共同的活动和仪式，建立亲子沟通契约等，让温馨而美好的亲子关系成为强有力的后盾与支持。

第五，我也会主动去寻求一些外在资源，如老师和同学的帮助，这是我遇到困难时的支持来源之一。

第六，遇到问题的时候，我会积极想办法解决问题，而不是一味地陷入负面情绪中。

在不断的积累中，我相信自己将不再脆弱，我也相信自己会在经历挫折中提升抗逆力。

最后，我将感谢挫折，因为打不倒我的，终将帮助我成为更好的自己。

二、给家长的建议

1. 肯定孩子的强项和优点，欣赏孩子的独特性

要善于用欣赏的眼光去发现孩子的优点，学会肯定孩子，并且不

要与其他人做无谓的比较。可以给孩子设立“欣赏储蓄罐”，将对孩子的优点、独特性的发现，用语言表达给孩子听，并写下来存储在“欣赏储蓄罐”中，一个时间段后可以和孩子一起回顾和分享。

2. 建立良好的家庭沟通方式

沟通时要尊重孩子，试着站在孩子的角度去思考问题。同时，家庭成员要具有良好的沟通，能容忍互相之间的差异，互相协助共同面对挑战。制定“亲子沟通契约”，书写“亲子两递书”等，都是促进家庭沟通的渠道。

3. 用言语及行动表达对孩子的爱

如重视生日、重要节日，保留一定的家庭仪式感和家庭保留节目、家庭旅行等，不吝表达对孩子的重视和爱。

4. 合理看待成绩

引导孩子注重坚持和努力的过程。在学习上受挫时，鼓励孩子积极地调整学习方法和策略。

5. 培养孩子应对困难的能力

鼓励孩子多参加一些具有挑战性的活动。言传身教，和孩子分享自己面对困难的故事，将逆境视作学习机会。

三、给教师的建议

1. 用欣赏和多元的视角评价学生，不仅仅用单一的学习成绩来评价学生。对学生的表现给予及时和正面的反馈，肯定其积极的行为。创设丰富的活动平台，引导和帮助学生看到自己独特的优势和潜能。

2. 建立和谐的师生关系，让学生在学校教育过程中感受到被接纳、被支持。

3. 指导学生进行良性的同伴交往，善于与同伴沟通、相互学习与彼此支持。

4. 引导学生从积极的角度看待挫折，让学生认识到问题与资源同在，挑战与机遇同在。例如，面对同伴矛盾，和学生探讨如果从积极的角度来看待，也许会对自己如何去收获友情带来思考和帮助，会让

自己更好地处理人际矛盾，提升人际沟通能力。

5. 对于受挫的学生，要在疏导其情绪的同时，还要帮助其提升解决问题的能力。

拓展思考

1. 如果你的好朋友在这个学期学习非常努力，可是学期末的考试结果却很不理想。为此，你的好朋友情绪很低落，并向你倾诉他所遭遇到的这个挫折。你会怎么建议他直面挫折，提升抗逆力呢？

（提示：首先要改变想法，如果不再把“没考好”当成是挫折，而是看到进步和提高的部分，并激励自己运用更适合的方法、保持更积极的情绪，可能会产生更积极的行为。在此基础上，在挖掘内在优势、寻求外部支持、发展能力等方面再根据实际情况寻找一些方法和途径。）

2. 根据你的实际情况，为提升抗逆力，从自身内部的角度来看，你有什么计划？

（提示：在自我效能、积极情绪、自尊、问题解决、自我控制能力和人际互动能力等方面可以逐一分析，在此基础上制订自己的提升计划。）

>>> 参考文献

[1] 朱仲敏．青少年心理资本：可持续开发的心理资源 [M]. 上海：学林出版社，2016：135-167.

[2] 沈之菲．青少年抗逆力的解读和培养 [J]. 心理辅导,2008（1）:71-77.

[3] 张坤．我国儿童心理弹性研究的回顾与展望 [J]. 华东师范大学学报（教育科学版），2015（4）：58-64.

[4] 芭芭拉·弗雷德里克森．积极情绪的力量 [M]. 王珺，译．北京：中国人民大学出版社，2010：154-197.

（**文** / 盛佳妮　**图** / 王琪 黑牛工作室）

6.我想法消极，怎么办？

——如何培养乐观态度（Optimism）

问题情景

情景一 初三的小圆同学学习成绩一般，原本就担心自己的成绩不好，会考不上高中。由于疫情的影响，不能去学校上课，只能在家里在线学习。几天下来，他觉得自己在家学习的效率很低。小圆同学自暴自弃地说：“我彻底‘废’了。等到疫情结束恢复上学了，我一定和同学之间的差距更大了，我考不上高中了，还不如就此放弃了。”

情景二 自从疫情暴发以来，小明同学一直关注着网上铺天盖地的报道和文章。有一天，小明同学觉得嗓子紧紧的，偶尔有些咳嗽，他隐约有种不祥的感觉。于是他惶恐地掏出手机开始查询新冠肺炎的症状，发现其中有一条症状是“干咳”。小明越想越觉得不对劲，料定自己感染了新型冠状病毒，感到很绝望。

情景三 小方同学是一名小学四年级的学生。他在期末考试取得了满意的好成绩，爸爸妈妈答应寒假奖励他去日本旅游。小方同学天天掰着手指数日子，终于旅游的日子近了。但是由于新冠肺炎疫情暴发，妈妈告诉他去日本的旅游计划被迫取消了。过年期间原本可以吃吃喝喝，走亲访友，现在也只好改为电话拜年。小方沮丧极了，心想，我真是倒霉透了，怎么所有倒霉的事都被我摊上了！

大多数中小学生还是未成年人，处于青春年少期，各方面都在成长发育阶段，易产生情绪起伏。特别是疫情期间，各种消息混杂，更容易产生一些消极的想法。那么，我们应该如何培养乐观态度，提升心理免疫力，以积极的心态来面对疫情呢？

解疑释惑

积极心理学之父马丁·塞利格曼（Martin E. P. Seligman）认为乐观是可以习得的，我们可以通过学习来培养乐观态度。下面我们就用这位积极心理学大咖对乐观的论述来和同学们聊一聊“乐观”。

问：面对危机事件，有一部分同学产生消极的想法，其中的原因是什么？

答：面对同样的危机事件，部分同学会产生消极想法，是因为每个人的“解释风格”有所差异。“解释风格”就是人们对事情发生原因的习惯性看法，可以分为两种：乐观解释风格和悲观解释风格。乐观既可以是对现在的乐观，也可以是对未来的乐观。

悲观者相信坏事都是因为自己的错，这件事会毁掉他的一切，而且会持续很久。而乐观者在遇到同样的厄运时，会认为现在的失败是暂时的，每个人失败都有原因，不完全是自己的错，可能是环境等其他外在、暂时、特殊的原因造成的。想法消极的同学可能是存在悲观的解释风格。

问：那么乐观和健康之间有联系吗？

答：当然啦，许多证据表明心理状态会影响身体健康，人们对健康的看法会影响自己的健康状况。如果一个人是乐观的，那么他的免疫系统功能就会比悲观者更有效，身体也更健康。各种数据显示，乐观者比悲观者寿命更长。

问：由此看来乐观关乎健康，真的很重要。那些容易产生消极想法的同学有办法改变吗？

答：悲观是可以改变的，悲观者可以通过学习形成乐观的心理品质，转变为更积极、乐观一些。

实践探索

如何才能学习乐观呢？乐观是一种重要的积极心理品质，可以用塞利格曼提出的“ABCDE 模式”来帮助人们改变那些面对不好事情时产生的消极的不合理想法，从而学习成为一名乐观者。这里的 A（adversity）代表逆境或不好的事，B（belief）代表当事件发生时自动浮现的念头、想法，C（consequence）代表这个想法所产生的后果，D（disputation）代表对想法的反驳，E（energization）代表你成功反驳想法后所得到的激发。

第一步：记录你的 ABC

学会去识别自己在情绪最低沉时自动冒出来的不合理想法，按照 ABC 的步骤写下来。

以上文“情景一”中的小圆同学为例，运用“ABC 模式”，他可以将事情、想法和后果记录了下来。

A：由于疫情，暂时不能去上学，要在家在线学习。（事情）

B：我彻底“废”了，考不上高中了。（想法）

C：自暴自弃，放弃学习。（结果）

这样做，可以通过与自己对话的方式，更好地了解自己的内心想法。对于小学中低年段的学生，可以使用简化的方法，例如，可以使用口头的形式来说一说。

第二步：学习自我反驳

也就是说，可以试着反驳自己产生的这些不合理想法，要明白自己产生的这些消极想法未必是正确的，并且要搜集证据来反驳。

以上文“情景二”中的小明同学为例，小明可以尝试搜集证据来反驳自己之前的不合理想法。例如，“我只是偶尔干咳，有可能只是冬天季节干燥导致的症状，也有可能只是这两天着凉了。”“我又不是医生，又没有经过专门的检测，只是通过网上一些片面的信息，我怎么能判断自己一定是得了新冠肺炎呢？”

第三步：激发积极潜能

在坏事发生的时候，人们可以尝试找出乐观的、有效的方式来看待事情，并从中学会应对的方法，提升心理免疫力，激发积极的潜能。

以上文“情景三”中的小方同学为例，小方通过“记录ABC”和“自我反驳”这两步后，他尝试用乐观的态度来看待“旅游计划取消”和“不能走亲访友”这两件事。他开始想宅在家里有哪些积极的方面：首先，疫情期间，宅在家里本身就是一种积极的贡献，我在家里就是一名“战疫小战士”；其次，我和爸爸妈妈也有了更多的沟通机会，了解许多爸爸妈妈平时的想法；最后，我学会了如何通过在线学习来自学，如何做力所能及的家务，如何宅家锻炼身体等。我渐渐适应了宅在家里的日子，也开始和爸爸妈妈一起规划疫情结束后，如何迎来崭新的生活。

体悟与建议

一、学生体悟

小圆：通过学习“ABCDE模式”，我意识到原本料定“自己一定考不上高中了”是消极、不合理的想法。“在家学习感到效率低”只是我一开始还没有适应在线学习方式的一种暂时的感觉。面对暂时的困境，我可以采用“乐观的解释风格”，养成乐观的心态。乐观的人不会被困难击倒，在面对困境时，会把它们看成是一种挑战，更努力地去克服它。相信只要我在家努力调整自己的学习状态，做到科学、合理地安排自己的学习时间，劳逸结合。等疫情结束以后，我就可以以更加坦然、自信的心态来迎接中考了。

同时，我也认识到我们不能对所有不好的事情都盲目、无条件地乐观。例如，面对这次的疫情，不能盲目乐观到口罩也不戴，天天出去溜达，这样肯定是不可取的。也就是说，一定程度的悲观，也是有意义的。我们要学会有弹性的乐观，增加对不利处境的控制感，把不利处境看成是一种挑战，更努力地去克服它，从而提升自身的心理免疫力，形成乐观的心理品质。

二、给家长的建议

1. 乐观心态树榜样

孩子的解释风格受家长解释风格的影响，所以，家长要给孩子树立乐观的榜样。例如，在遇到疫情时，家长可以把类似“疫情暴发了，好多人被传染了，我真担心自己也会被感染”这样的悲观解释风格，转变为“以疫情为契机，我要努力养成更加健康的生活方式”这样的乐观解释风格。这样，家长给了孩子良好的示范，孩子耳濡目染，也就学会了像家长一样看待自己经历的危机事件。

2. 坦诚相告多鼓励

当遇到危机时，家长应该鼓励孩子。但鼓励不是过度保护，一味隐瞒实情，营造一种“安全的假象”。家长应当帮助孩子客观分析当下的实际情况，与孩子一起面对。因为孩子总要学会独立，孩子只有经历了失败、沮丧，直面挫折、挑战直到成功，才能获得掌控感，建立起真正的乐观和自信。所以，家长应该鼓励孩子勇敢地面对困难，让这段经历成为孩子直面未来的底气。

三、给教师的建议

1. 肯定努力助成长

教师是学生成长道路上的引路人。教师的教育方式，特别是反馈方式，对学生的解释风格的影响很大。教师经常性的表扬，对学生乐观型解释风格的形成有重要作用。因此，教师在日常的过程中，对学生要持积极鼓励的态度，且应该多多肯定学生的努力。

2. 创设情景学乐观

教师还可以通过创设一些情景，如角色扮演、情景分析等，在模拟真实问题环境中，逐步改进学生的解释风格，使学生不仅能直观地理解什么是乐观的方法，更能够学会使用乐观的解释风格来解决一些现实问题。

拓展思考

1. 消极想法的反驳专项练习

面对以下情景，有同学产生了一些悲观的看法，你可以举出一些例子来反驳他的消极想法吗？

（1）最近，妈妈常常骂你。

想法一：我不管做什么都是错的。

想法二：她一定不再爱我了。

想法三：我们以后再也不能和睦相处了。

（2）今天，我作业本忘记带了。老师问我是不是没有完成作业。

想法一：老师一定是十分讨厌我了。

想法二：我就是个坏学生。

想法三：没有人会相信我。

［提示：本题是针对用本主题学习到的“ABCDE 模式”中的“反驳（D）”的专项练习。可以由家长或老师协助孩子一起完成，在练习时，请特别注意孩子的反驳。如果反驳无力，需帮他指出，并一起探讨有没有更为有力的反驳，帮助孩子学会如何快速且强力地对抗自己的悲观。］

2. 你的日常生活中有没有遇到一些不好的事情，让你觉得很苦恼，产生了一些消极的想法？如果有的话，试着记录你的 ABC，并且想一想你的这些想法一定是对的吗？尝试反驳自己的消极想法，将反驳的话写在“反驳（D）”栏里。最后想一想，这件事有没有积极的一面，或者给你带来了什么积极的启发，写在“激发（E）”栏里。

不好的事（A）：______________________________

想法（B）：______________________________

后果（C）：______________________________

反驳（D）：______________________________

激发（E）：______________________________

［提示：用本主题学习到的“ABCDE 模式”来解答。A（adversity）代表不好的事，B（belief）代表当事件发生时自动浮现的念头、想法，C（consequence）代表这个想法所产生的后果，D（disputation）代表反驳，E（energization）代表你成功进行反驳后所受到的激发。］

>>> 参考文献

[1] 马丁 · 塞利格曼 . 活出最乐观的自己 [M]. 洪兰，译 . 北京：万卷出版公司 , 2010.

[2] 马丁 · 塞利格曼 . 教出乐观的孩子 [M]. 洪莉，译 . 杭州：浙江人民出版社 , 2013.

（**文** / 孙 妮　**图** / 王琪 黑牛工作室）

高效学习管理专题——

掌控当下的自己

疫情期间，作为中小学生，在做好疫情防护的同时，还不能停止学习的步伐。除了学科知识学习之外，生活就是最好的教科书，我们可以结合疫情来开展健康生活、科学素养、爱国情怀、生态文明、家庭沟通、积极心态等方面的意识培养或知识、能力提升。

由于有一段时间的居家学习、在线学习，自主、高效的学习管理对中小学生保证学习效果很重要。习得关于时间管理、自我控制、专注保持等方面的具体方法、习惯，对中小学生也终身受用。

当防疫一线的医护人员在“与时间赛跑、与病毒较量”的时候，中小学生要抓住当下，过好每一天，需要珍惜时间、掌控时间，合理安排学习与休闲活动，不能因疫情耽误学习，做到学习专心、高效，提升自主学习能力，靠学习走向未来。

7. 我效率不高，怎么办？

——如何优化时间管理

问题情景

情景一 往年的此时此刻已是开学临近，一向喜欢临时抱佛脚的小延一定又在马不停蹄地恶补她的寒假作业了。而2020年的这个冬天，情况却有些不同。

由于新冠肺炎疫情的缘故，所有人居家防疫，小延最害怕的“开学”也延期了。得知这个消息，小延暗自高兴，因为她又可以心安理得地过上“没日没夜，黑白颠倒”的日子了：白天睡不醒，晚上睡不着，手机不离手，游戏不下线，这就是小延的“宅”家日常。然而这样的生活持续了几天之后，望着依然一片空白的寒假作业，又接到学校老师发来的“在线学习即将开始”的通知，小延不禁阵阵心慌。眼看要补的作业积压得越来越多，小延越发感到任务量巨大而无从下手了……

情景二 初三年级的小芒与小延刚好相反，她把自己的“宅”家生活安排得“满满当当”：各大机构的网课报了个遍，多种渠道获取的复习资料堆满了书桌，每天还在为学校的“抗击疫情”书画比赛、短视频大赛做准备，身为班长的她，还要协助老师完成班级同学的每日疫情统计和上报工作，她的个人兴趣爱好，如做手账、烘

焙……也一个都不想落下。

一个假期下来小芒已经“忙”得晕头转向，有时还会顾了这样，忘了那样。随着“宅”家生活的继续，复习题还有很多没做，参赛作品也没完成，小芒内心的烦躁不断升级。眼看全市统一的在线教学也要开课，她越发担心起自己会力不从心了……

一场突如其来的疫情，为大家带来了与以往大不相同的“宅”家生活。刚开始，你可能也曾因为有了大把的自由时间而暗自开心，也可能为自己的“宅”家生活制订了诸多计划。然而，眼看疫情得到了控制，你的计划却一个也没有实现。你是否也在为自己的一无所获而陷入自责呢？小延和小芒，哪一个是你“宅”家生活的真实写照？他们遇到了什么问题？下面就通过本主题的学习，一起来解答这些疑惑吧！

解疑释惑

在全民齐心协力抗击疫情的形势下，我们各自“宅”家，没有了学校生活的按部就班，有了更多的自由时间可以支配，这时，时间管理的作用越发凸显，面对大把的“空闲”时间，它是决定你的“宅”家生活品质和居家学习效率的关键性因素。

问：那么，什么是“时间管理”呢？

答：时间是一种重要的不可再生的资源，一旦丢失便永远不可追回。但每个人都可以对时间进行有效的管理和利用，以发挥其最大价值。时间管理就是指通过事先规划和运用一定的技巧、方法与工具，实现对时间的灵活以及有效运用。

问：青少年也有必要进行时间管理吗？

答：当然有必要。管理学家彼得·德鲁克（Peter F.Drucker）说，“不能管理时间，便什么都不能管理。”科学合理地管理时间，已成为现代人社会性格的一个重要组成部分。而处于成长成才关键时期的青少年，管理好时间对于未来的成功更加至关重要。

有效的时间管理，能够提高个体的主观幸福感。因为能够合理管理时间的学生，在同等时间里能够高效率、高质量地完成各项任务，获得学业或其他方面的成功，受到来自老师、同学、家长的赞赏，从而提高对自身能力的评价。这样的自我效能感和时间掌控感，又使得个体在下一次面临任务时，有着更高的任务投入度和时间管理倾向，形成“高效时间管理⟶高效、高质量完成学习任务⟶高自我效能感、高时间掌控感⟶高效时间管理”的良性循环。

问：为什么我每天都很忙，效果却不佳？

答：理论上来说，可供每个人支配的时间都是等量的——每天 24 小时。有时，“忙”只是一种焦虑的心理状态，未必是客观事实。

例如，小芒看似被各种事务填满，但实际上在完成每个具体事项时，她并没有真正做到高效。低速的运转、拉长的战线，占满了她的时间，甚至挤占了必要的休闲和休息时间，这又会影响到后续的效率和状态。此外，她的任务安排没有区分轻重缓急，导致顾此失彼，更加手忙脚乱。这些都是使她看上去“繁忙”却无序，“碌碌”却无为的原因。

问：为什么我每天拖拉，看似在做自己喜欢的事情，心情却很差？

答：有时，我们明明在做着自己喜欢的事情（如打游戏、刷手机、睡觉……），回避着自己不喜欢的事情（如做作业、做家务……），可仍然觉得压力山大，快乐不起来。

原因在于，拖延行为只在一开始会令人感到愉悦，随着拖延时间的不断延长，截止日期的不断临近，往往会引发更加强烈的消极和负面反应。例如，睡眠紊乱、焦虑、自责、不积极进取，甚至放弃完成任务等。这种拖延和放弃会降低个体的自我效能感，认为自己不具备控制自我和完成任务的能力，所形成的负面自我认知，在下一次面对任务时，会再次因不能胜任的自我评估，而导致拖延行为。

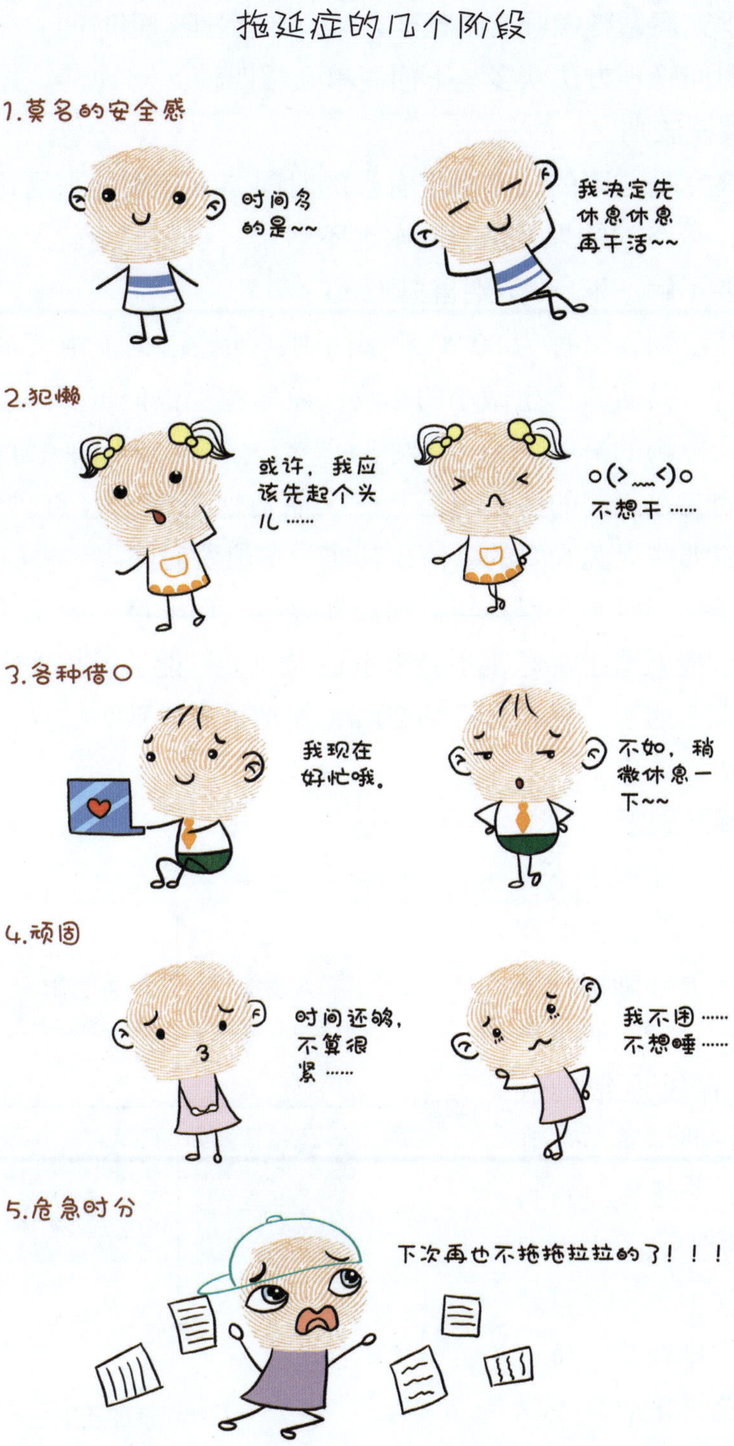

因此，与高效的时间管理相比，拖延行为会形成“拖延⟶任务失败⟶低自我效能感、低时间掌控感⟶再次拖延⟶任务失败”的恶性循环。这种行为模式对于青少年的成长与发展极为不利。

问：那究竟怎样做好时间管理，以及改善拖延呢？

答：时间管理方法众多，下面简单介绍四种。

1. 帕累托法则

时间终究是有限的，如果把有限的时间，无差别地平均花在每一件事情上，最终的结果就是时间永远不够用。小芒同学就深受其害，这时就需要了解一下“帕累托法则”了。

帕累托法则，又称为 80/20 效率法则：那些占据了绝大多数精力的琐碎事件，其实只产生微小的影响，而那些少数但重要的事情，才是造成重大影响的事项。因此，要把主要精力放在 20% 的关键事情上，避免将时间花在琐碎的多数问题上。“大智有所不虑，大巧有所不为”，出色地完成那些无关紧要的事情，其实是在浪费时间。

寻求捷径，而非全程参与；选择性寻找，而非巨细无遗的观察；只在几件事情上追求卓越，不必事事追求完美；能够发挥他人作用的事，不需事必躬亲。寻找自己的 20%，让精力有的放矢。这便是帕累托法则给我们的启示。

2. 时间四象限

既然已经知道了不可奢求面面俱到、事事完美，那究竟怎样确定任务的主次呢？“时间四象限”可以有效地帮助我们将任务按照“紧急”和“重要”两个维度进行科学、合理的划分（如图 7-1 所示）。其中，重要且紧急的事情应排在第一位，要立即做完；重要且不紧急的事情次之，要分解任务、制订计划，按部就班去做；紧急且不重要的事情再次，能不做就不做，或与他人分担着做；对于那些不重要且不紧急的事情应尽量将其摒弃，以优化自己的时间使用效率。

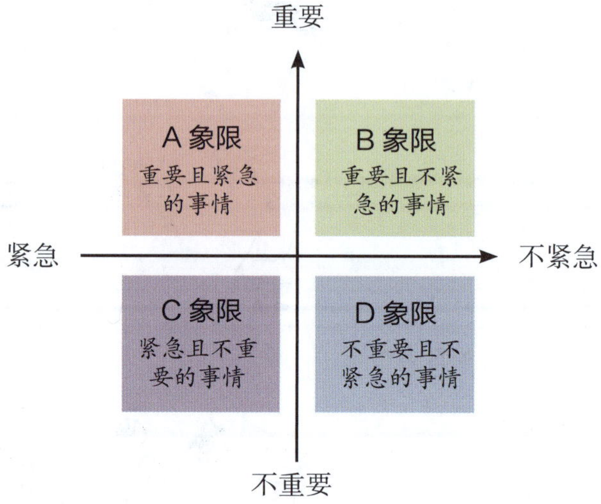

图 7-1 时间管理四象限

3. 番茄工作法

提高专注度也是提升效率不可或缺的一环，“番茄工作法”便是很好的训练方法之一。具体操作方法是：选择一个待完成的任务，将“番茄时间”设为 25 分钟，在番茄时间内专注工作，中途不允许做任何无关的事，直到番茄钟响起，这时在纸上贴一张番茄贴纸或画一个“×”之类的记号，短暂休息一下（5 分钟左右）。每 4 个番茄时段后，可以多休息一会儿（15 ~ 30 分钟）。结束一天的工作后，根据记录对当日的工作学习情况进行复盘，可据此对第二天的时间规划进行调整。

图 7-2　番茄工作法

番茄工作法不仅提高工作或学习效率，一天下来看着纸上满满的记号，还会有意想不到的成就感。

4. 任务分解法

对于一项自认为具有一定挑战性和难度的任务，可将任务进行分解。将一个远期目标，分解为若干个小的易于实现的目标。这样做，可以防止因对任务难度的恐惧心理而导致的拖延，且在每一个小目标实现之后，都能够产生即时满足感和积极的情绪体验，从而推动下一步的行动。

实践探索

同学们，学会了以上这些时间管理方法后，一起帮小芒和小延出谋划策吧！

1. “小芒”可以这样做

第一步：罗列任务清单。

整理归纳出每天要完成的全部任务，制作任务清单。

第二步：任务分类。

利用时间管理四象限，将所有任务进行分类（如图 7-3 所示）。

图 7-3　小芒的时间管理四象限

第三步：制订计划。

制订一日计划表。依据轻重缓急和任务难度，给每项任务分配番茄时间。

表 7-1　小芒的“一日计划表”

时段	任务	番茄时间（个）	完成情况
07:30 – 08:30	起床、早餐	2	
08:30 – 11:30	在线学习	6	
11:30 – 12:00	午餐	1	
12:00 – 13:00	休息 / 休闲（机动时间：手账 / 烘焙）	2	
13:00 – 13:30	居家运动	1	
13:30 – 16:00	在线学习	5	
16:00 – 16:30	班级疫情统计汇总	1	
16:30 – 17:00	寒假生活	1	
17:00 – 17:30	晚餐	1	
17:30 – 18:00	休息 / 休闲	1	
18:00 – 19:00	在线学习作业	2	
19:00 – 20:00	其他复习资料	2	
20:00 – 20:30	书画比赛参赛作品	1	

20:30 － 21:00	视频比赛参赛作品	1	
21:00 － 21:30	机动时间	1	
21:30	睡觉	/	

（注：此处仅为举例说明，具体如何安排视个人情况而定。）

第四步：执行并记录。

按照一日计划表，采用“番茄工作法”执行各项任务，并在计划表上及时做相应记录。一天结束后盘点各项任务完成情况，评估效果、调整修正，据此制订第二天的计划。

2.“小延”可以这样做

第一步：任务分解。

将完成整本寒假作业的目标进行分解。例如，将第一天的目标设定为完成 3 页作业。这样，目标看上去就更加具体，也没有那么让人望而却步了。此后可以循序渐进，逐渐增加任务量。

表 7-2　小延的“任务计划表”（1）

序号	日期	任务
1	2 月 23 日	寒假生活 3 页（P.1 ～ P.3）
2	2 月 24 日	寒假生活 4 页（P.4 ～ P.7）
3	2 月 25 日	寒假生活 5 页（P.8 ～ P.12）
……		

第二步：设定具体的任务期限。

为每一步任务都设定明确具体的完成期限，这样能够增强完成任务的驱动力和截止时间的约束力。模糊笼统的截止时间会降低紧迫感。例如，当分别将任务期限设定为“当天完成”“当天下午完成”“当天下午一点之前完成”“当天下午一点二十分之前完成”时，所起到的约束力是逐渐增强的。

表 7-3　小延的“任务计划表”（2）

	日期	完成任务	时限
1	2 月 23 日	寒假生活 P.1 ～ P.3	13:20
2	2 月 24 日	寒假生活 P.4 ～ P.7	13:20
3	2 月 25 日	寒假生活 P.8 ～ P.12	13:20
……			

第三步：记录反馈。

记录任务完成情况，分析成功或未成功的原因。

第四步：分享成果。

向同伴、家长或老师汇报分享自己的任务成果，获得积极情绪体验。

体悟与建议

一、学生体悟

小延：拖拖拉拉的生活看似轻松，实际上我心里的压力也很大。每次妈妈催我做作业，我嘴巴上虽然说“急什么”，心里其实也很急。整天装作无所事事的样子打游戏，那样的生活也不是我真正想要的。现在，我终于知道了怎样让自己“行动起来”，也发现了完成这些任务并没有我想象的那么难。当我知道了如何看待任务，如何分解任务，对自己有信心多了，因为经过我的尝试和努力，很多原本认为十分有难度的任务我都完成了。有了这些成功的经历，下次，我就没有那么多的畏难情绪了。

小芒：以前一直觉得自己的时间不够用，原来只是自己没有把时间用好。我从来没有仔细去分析过这些任务哪些更重要，一向都是来一件做一件，想起一件做一件，想不到这样竟然也是在浪费时间。现在每接到一个任务我都会先评估它的重要性和紧急程度，也养成了按照计划表去完成任务的好习惯，我的学习和生活变得有条理多了，再也不会感到那么忙乱了。

二、给家长的建议

青少年的时间管理能力需要在家长的帮助和引导下逐步培养，以下给各位家长提供一些参考性建议。

1. 指导和监督孩子，进行一些任务开始前的仪式性准备动作。例如，按时起床、梳洗整洁、认真吃完早餐等。

2. 对孩子的学习时间和休闲时间，进行地点和时间的区分。

（1）首先要为孩子开辟出一块适合其学习的区域，每当进入这个区域，就代表要进入学习状态。

（2）约定好不在学习区域和学习期间使用电子设备。与孩子共同商定电子设备的“集中使用”时段。

（3）设定“奖励时间”，如果孩子提前完成了任务，并且质量过关，剩余的时间就可成为“奖励时间”，允许孩子在这一时间段内做自己喜欢的事情。

3. 对于孩子的任务清单和计划表，要以家庭会议的形式，正式而认真地进行讨论，与孩子共同进行时间规划。

三、给教师的建议

教师对学生任务完成过程中的评价与反馈，对于学生时间管理观念的建立和形成有着重要的影响，这里为教师提供如下建议，供参考。

1. 避免只表扬看上去很“用功”的学生，要兼顾效率，表扬和鼓励那些有“高效”表现的学生，引导学生更多地关注自己的实际学习效率。

2. 对习惯性拖延的学生，布置任务时要明确截止时间。要关注其内在心理困扰，避免停留于负面评价。当看到这类学生能够开始有所行动和改变时，及时给予强化，肯定其进步。

3. 根据学生的不同水平，提供不同难度的任务，使其均能在任务完成过程中，体验成就感。

拓展思考

1. 在时间管理过程中，除了我们在本主题所学到的制订任务清单、按照轻重缓急去安排之外，还有一个重要技巧，就是将任务分配给可以替代完成任务或共同分担任务的人。小芒的众多任务之中，你认为哪些任务是可以与他人分担的？

（提示：类似班级疫情统计这样的班级管理任务，可以让班级中的小组长分头完成，再由小芒汇总，可以大大提高效率。类似制作小视频参加比赛这样的任务，可以寻找有共同兴趣爱好的同学，分工协作，共同完成作品。）

2. 同学们是否听过这样一句话：“不怕同学是学霸，就怕学霸过长假”，你是怎样理解这句话的呢？

（提示：学业水平高的同学，往往有着更强的时间管理能力，经过一段时间的自主管理和自主学习，普通学生与其之间的差距往往会拉得更大。这更加提示我们时间管理的重要性。所以，不要再等待，马上开始实践本主题学习到的各种时间管理技巧吧！）

>>> 参考文献

[1] 黄希庭，张志杰. 青少年时间管理倾向量表的编制[J]. 心理学报，2001，33(4):338-343.

[2] 陈本友，邓凌，黄希庭，等. 中学优生的时间管理倾向与成就动机的相关研究[J]. 西南师范大学学报（人文社会科版），2006(4).

[3] 简·博克，莱诺拉·袁. 拖延心理学[M]. 蒋永强，陆正芳，译. 北京：中国人民大学出版社，2009.

（文 / 范晓芳　图 / 王琪 黑牛工作室）

8.我难以专注，怎么办？

——如何获得心流体验

问题情景

初三的小军放假在家，天天睡到中午，父母催促多次才起床，一起床就开始刷手机。因为新冠肺炎疫情的原因，开学时间推迟，眼看再过3个多月就要中考了。妈妈比小军还要焦虑，一边念叨小军要好好复习，争取考个好高中，一边逼着他喝各种强身健体的保健品。小军和妈妈争论，妈妈说他不知好歹，这么做都是为了他好。

小军现在天天闷在家里烦死了，一点学习的心思都没有，有时候看着书，脑子就想别的事情了，就想着快点开学，逃离和妈妈每天24小时的相处。

庚子鼠年，新冠肺炎疫情突然袭来，为了控制疫情，切断传染源，大家响应国家号召闭门不出，这对活泼好动的中小学生来说，真的是痛苦至极。随着疫情的不断扩大，延期开学已成定局。来势汹汹的新冠肺炎疫情和超长的寒假，以及网上有关疫情的各种消息扑面而来，都会对中小学生的心理造成冲击。

寒假期间，中小学生的学业压力相对减弱，空闲时间增多，作息不规律，容易滋生惰性，养成懒散状态，明知有学习任务，可就是不想做、不愿做、提不起精神。再加上一直闭门不出，一家人聚集在一个屋檐下，家庭矛盾加剧、亲子冲突频发，这也是影响中小学生心理状态、导致做事无法专注的重要因素。面对这样的情况，家长很担心，孩子很焦虑，该怎么办呢？

解疑释惑

心理学家米哈里·齐克森米哈伊 (Mihaly Csikszentmihalyi) 提出的心流理论，能帮我们解决这个问题。我们就用这位积极心理学家的理论，对相关问题作一些探讨。

问：很多人没有听说过心流理论，它到底是怎么回事？

答：心流是指人们将注意力完全投注在某活动时的感觉，心流产生的同时，会有高度的兴奋及充实感，如艺术家在创作时所表现的心理状态。心流体验不仅能让人们摆脱无聊，还有助于人们从焦虑不安中解脱出来，把精力重新投入让人们感到幸福的事情中，是人们获得幸福的一种可能途径。

问：在心流状态下，人们会有什么感觉？

答：人们首先会感觉到自己全神贯注地沉浸于手头的工作中；其次是自信满满，相信凭借自己的能力可以成功；最后目标清晰、感受不到时光飞逝、内在动力强等。那种狂喜的感觉，日常生活中很难体会到，类似于攀上高峰时的体验。例如，学霸连续好几个小时刷题也不觉得累；工作狂三过家门而不入等。别人以为他们是花费巨大毅力才坚持下来，其实他们只是进入了心流状态，不觉苦反而很享受，并形成正向循环，表现得比别人越好越有动力，不断精进。

问：听起来这种心流的感觉太棒了，那如何才能进入心流的状态呢？

答：心流是一种在目标驱动下的投入与付出，具有一定的挑战性，给人带来短暂快乐的同时，还能获得一种额外的、积极的幸福体验。

想要进入心流状态，首先，要设定明确具体的可操作性目标，并主动寻求反馈；其次，是尝试做一些有挑战性，但又可实现的事情（见图8-1）；第三，是尽可能减少外界的干扰。

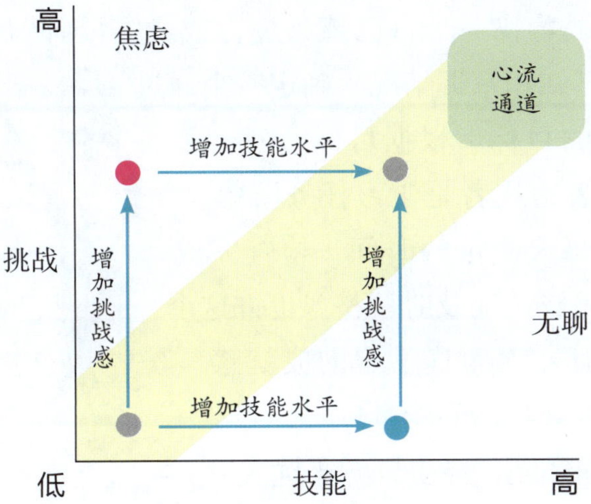

图 8-1　心流示意图

实践探索

结合积极心理学家米哈里·齐克森米哈伊提出的心流理论，小军要想改变难以专注的状态，就要明确自己的学习目标，排除疫情、父母唠叨、电子产品等外界干扰；调整作息，制订有挑战又可实现的行动计划；从实践反馈中感受轻松愉悦的学习状态，获得心流体验。

这种体验会让小军沉浸在学习之中，更加专注，效率更高，收获也更大。而这种成就感又会助长他的愉悦情绪，让他愿意继续学习，形成积极正向的学习状态循环。

具体怎样做才能达到这种心流状态呢？下面给大家分享五个小锦囊。

1. 调整作息时间，从“早起”开始

放假在家，大家的生物钟全都打乱了。一直说早睡早起，但是实践证明早起比早睡更重要！10 点上床翻来覆去 2 个小时还是睡不着，这样的体验大家可能都经历过。但是早起就不一样了，早上 8 点咬牙

坚持从床上爬起来，到了晚上就会又累又困，躺下就能快速入眠。这有利于大家养成良好的作息习惯，保证精神抖擞地投入学习状态中。

2. 明确学习目标，每天及时反馈

大家可以根据自己平时积累的错题集或者考试卷，分析知识漏洞。试着找一个自己感兴趣，或最需要补习的专题，根据自己知识掌握情况，确定一个通过努力能够达到的目标。根据目标，列出每天的学习计划表，或者是学习任务清单。自己或家长在每天固定的时间，检查完成情况，并根据完成情况及时调整。也许这个专题的进步能让小军重逢学习的成就感，获得心流体验，看到自己的能量！

3. 创设安静环境，减少外界干扰

居家学习，很容易受到各种因素的影响，学习地点应选择在安静的书房或卧室，必要时可以关上门。例如，在卧室，请不要轻易坐到床上去；把书桌上或周围与学习无关的用品清理掉，或移到视线之外；学习用品要充分准备，并分类摆放整齐；尤其不要把手机等电子产品摆在眼前，避免分神。

4. 精心设计仪式，加强自我暗示

仪式就是刻意设计一些特别的举动或程序，给人一种庄严感，暗示着良好的开端，代表着期盼和重视。你可以给自己设计一个独特的启动学习程序，更好地调整状态。例如，有的学生每天 8 点半的特制闹钟音乐一响，就坐在书桌前开始学习；有的会在学习前先伸展下身体，做个特别姿势，提示自己“学习，弯道超越”！

5. 积极自我探索，总结成功经验

有的同学可能会觉得专注学习很难做到，实际上每个人都会有专注的时候。你可以回忆自己在什么时候、哪门学科、什么情况下，学习状态比较好。想想那个时候，自己是怎么做到的，现在可以做些什么来试一试。你也可以根据自己的兴趣特长，尝试不同的方式让自己更专注。相信那时的你，一定会因自己的改变而欣喜，获得学习的心流体验。

体悟与建议

一、学生体悟

小军：放假在家，我确实对自己的学业放松了要求。再加上新冠肺炎疫情不能出门，天天闷在家里吃了睡，睡了吃，心情很烦躁，对学习就更提不起精神了。现在延期开学，马上又面临中招考试，妈妈的担心和焦虑我可以理解，但是她每天这么唠叨实在让我受不了，忍不住就跟她吵起来了。

学习了心流理论，我才明白心流是一种在目标驱动下的投入与付出，具有一定的挑战性，在带来短暂快乐的同时，还能获得一种额外的、积极的幸福体验。我现在学习难以专注，就是因为缺乏目标。虽然马上要中考了，可我从来没想过要考什么样的高中，更没有想过将来要上什么大学，学什么专业，毕业以后做什么工作，总觉得这些事情离我很遥远。所以，学习上一直都是靠父母和老师催促，能懒则懒，总觉得学习是负担，很少有那种积极幸福的心流体验。不过，我喜欢挑战，平时在做数学试卷最后一道大题的时候，我总是想尽各种办法要把它做出来。每次攻克难题时，我都会激动地跳起来，我想这大概就是心流体验吧。

我现在应该根据目前的状况，好好想一想自己有希望考上哪个高中，定个目标；再分析一下，哪些科目还有提升的空间，给自己列一个学习计划；尽量减少手机、父母唠叨对我的影响；从现在开始，每天早上 8 点起床开始学习，我相信 4 个月后，肯定可以收到我心仪的高中的录取通知书。

二、给家长的建议

1. 家长可以引导孩子，用积极的心态关注疫情信息。例如，跟孩子讨论除夕夜逆行的白衣战士；84 岁高龄的钟南山院士等。用他们的言行，教育孩子从小做人要正直、善良，要有社会责任感；长大后，用自己的学识拯救国人于危难之中，激发孩子的内在动力和动机。

2. 有条件的家长可以专门为孩子准备一个学习的房间，桌椅的高矮适合孩子的身高和年龄。平时购买的学习用品，以简单、实用为主，不买玩具类，或功能过多的学习用品，避免孩子分心。

3. 在孩子学习的时候，家长不看电视、不玩手机，尽量不在室内走动，以免发出噪音引起孩子分心；也不要因端茶送水、叮嘱唠叨等行为，打扰孩子的学习，应尽量减少外界环境对孩子的干扰；家长要学会控制情绪，尽量让孩子自己安排学习任务，培养孩子自我管理能力和学习自主性，增加孩子对生活的掌控感与满足感。

4. 家长可以跟孩子一起做一些室内运动。有研究显示，每天一定程度的运动训练，可以提高孩子的专注力，改善执行功能。如果家里没有运动器材，可以跳绳或做广播体操，活动后出身汗，可以舒缓宅家太久的烦躁情绪，又可以增强体质，提高身体抵抗力。

5. 还可以玩一些简单有趣的小游戏，寓教于乐又能训练专注力。例如，用舒尔特方格训练孩子的视觉广度，提高视觉注意力和记忆力；用划消数字训练孩子的选择性专注力，帮助孩子排除其他干扰项，有意选择需要注意的目标等。

三、给教师的建议

1. 教师可以根据学生情况，指导学生组成 3 ~ 5 人的在线学习互助小组，督促像小军这样懒散、自控力不足的孩子专心学习。

2. 假期延长，很多学校开展在线教育，教师安排的学习内容，尽量要小而精；上课的形式可以灵活多样，如讲授过程中穿插视频、绘本、故事等，这样有助于学生上课更专心。

3. 学习时间不宜过长，低年级学生一节在线教育课的时间以 20

分钟为宜；还可以设计一些简单易操作的评价表，及时了解、反馈学生的学习情况。

4. 疫情期间，教师可以利用问卷星、报名工具等小程序，进行表格统计、签到等工作，减少烦琐、复杂的表格统计手续，不给家长、学生增加负担，以免影响学生专心学习。

拓展思考

1. 心流体验的感觉很奇妙，怎样才能获得心流体验呢？你可以从自己的日常生活中找到它的踪迹吗？

（提示：同学们在日常生活中，或多或少都有过类似心流体验的经历。例如，经过反复尝试、努力，终于拼成复杂的乐高作品；经过几小时努力攀登，终于满头大汗地爬到山顶等。）

2. 经常听学生说，自己想专心学习，可总是学不进去，看完了这本书，你有什么好的建议吗？

（提示：可以用前面几个主题中学到的知识来解答哟！如主题 2 的正念，可以让人静心；主题 7 的时间管理，可以让时间管理更高效等。）

>>> 参考文献

[1] 陈欣．心流体验及其现状研究 [J]. 江苏师范大学学报（哲学社会科学版），2014，40(5):150-155.

[2] 朱仲敏．青少年心理资本：可持续开发的心理资源 [M]. 上海：学林出版社，2016.

（文 / 张琪娜　图 / 王琪　黑牛工作室）

后记
postscript

积极心理学是关于人类优势和美德的学问，指引人如何追寻幸福。它起源于西方，但也有重要的东方文化根源。常态化防疫期间，如何将积极心理学的精髓应用于推动学生的积极发展，让积极心理学走出象牙塔、走向实践、走进学生，已成为我们的共识。全书所有编写人员加班加点、积极作为，不辞劳苦、精益求精，发扬团队合作精神，完成了这本书稿。

书稿的撰写者，之前曾在主编朱仲敏副研究员（上海市教育科学研究院、华东师范大学心理与认知科学学院）的组织下，进行过为期一学期的积极心理学专题研习，具备一定的积极心理学教学与研究经验。他们是张沛琳（华东师范大学心理与认知科学学院）、曹宏婉（上海市黄楼中学）、余智华（上海市洋泾-菊园实验学校）、周超（上海市文建中学）、盛佳妮（上海市周浦实验学校）、孙妮（上海市浦东新区临沂二村小学）、范晓芳（上海市陆行中学南校）、张琪娜（上海市浦东新区华高小学）等。他们都是一线的骨干心理教师和心理健康教育研究人员，把居家防疫的时间充分利用起来，开展“将积极心理学应用于重大应激事件下学生心理支持”这项实践转化工作，也是在用自己的方式参与疫情防控，做到了不负韶华、抗疫有“我”。

全书框架设计、全书和每个专题的导言部分由朱仲敏承担。全书由朱仲敏、胡永昌（上海教育出版社）策划、修改、统稿，张琪娜也参与了后期统稿工作。王琪（上海市浦东新区华高小学）、黑牛工作室为全书配了插图。

本次疫情，让我们看到了科研攻关与临床、防控实践密切结合的重要性。“理论总是灰色的，而生命之树常青”，愿本书在推动积极心理学的实践应用上发挥一点作用。阳光总在风雨后，祝愿所有中小学生即使在压力情境下，也能培育积极情绪、提升心理资本，更好地健康生活、静心学习、快乐成长！

在本书出版过程中，得到了上海教育出版社领导和编辑的大力支持，也引用了相关国内外专家、学者研究成果，在此表示深深的感谢！感谢桑标教授、吴增强研究员、席居哲教授等专家的指点与鼓励。由于编写组老师学识、水平、时间均有限，书中难免有错误之处，敬请广大读者批评、不吝赐教！

本书编写组

2020年5月